Do xamã ao Prêmio Nobel,

são todos filhos de Deus

José Tadeu Arantes

Ciência e espiritualidade

Do xamã ao Prêmio Nobel,

são todos filhos de Deus

Coordenação de texto
Lourenço Dantas Mota

editora TERCEIRO NOME

'mostarda editora

Coleção Repórter Especial

Editores associados
Edgar Gusmão Dias da Silva, Fernando Portela, João Lima Jr., Mary Lou Paris, Ruy Mesquita Filho, Samuel Ribeiro Rossilho

Preparação dos originais *Gênese de Andrade*
Revisão *Vera Lucia Quintanilha*
Projeto gráfico e capa *Antonio Kehl*
Foto da capa *Representação naturalista de xamã, Acervo MAE-USP*
Impressão *Palas Athena*

Dados Internacionais de Catalogação na Publicação (CIP)
(Câmara Brasileira do Livro, SP, Brasil)

Arantes, José Tadeu
Do Xamã ao Prêmio Nobel : são todos filhos de Deus / José Tadeu Arantes ; coordenação de texto Lourenço Dantas Mota. — São Paulo :
Editora Terceiro Nome : Mostarda Editora, 2005.

Bibliografia

1. Espiritualidade 2. Religião e ciência I. Mota, Lourenço Dantas. II. Título.

05-8523 CDD-215

Índices para catálogo sistemático:

1. Ciência e religião 215
2. Religião e ciência 215

Editora Mostarda / Editora Terceiro Nome
Rua João Felipe Silva 52
Cep 04638-030 – São Paulo – SP
www.editoramostarda.com.br
www.terceironome.com.br
Tel (11) 5093 8216 Fax (11) 5044 5540

São Paulo 2005

Apresentação

Há mais em comum entre a ciência e a espiritualidade do que supunha o cientificismo estritamente materialista até há bem pouco triunfante. É o que mostra, neste trabalho, José Tadeu Arantes.

O extraordinário prestígio alcançado por diferentes disciplinas científicas, coincidindo com a crise espiritual que se costuma resumir na proclamação da morte de Deus por Nietzsche no final do século XIX, produziu a falsa impressão de um divórcio irreversível entre ciência e espiritualidade. A ciência chegou mesmo a ser vista como substituta da religião para a explicação do mundo e da vida.

Tal visão perdurou até que alguns dos mais importantes cientistas do século XX, como Albert Einstein, Niels Bohr, Erwin Schrödinger, Werner Heisenberg, Wolfgang Pauli e David Bohm, se deram conta de que, por força de seu desenvolvimento intrínseco, a ciência chegara a um estágio que impunha, como necessidade imperiosa, a retomada do diálogo, senão com as religiões, em um sentido mais estrito, ao menos com a espiritualidade, em um sentido mais amplo. Retomar é bem a palavra que convém, porque a ciência teve sua origem nas grandes tradições espirituais.

Segundo a célebre Declaração de Veneza, subscrita em 1986 por cientistas de renome internacional, "o conhecimento científico, no seu próprio ímpeto, atingiu um ponto em que pode começar um diálogo com outras formas de conhecimento. Nesse sentido, e mesmo reconhecendo as diferenças fundamentais entre a Ciência e a Tradição, vemos ambas em complementaridade e não em contradição".

Elas compartilham o mesmo passado. E existe entre ambas mais irmandade do que antagonismo. Como lembra José Tadeu Arantes, o xamanismo pré-histórico, o *shaiva siddhanta* indiano, o taoísmo chinês, o pitagorismo e o neoplatonismo gregos, a *kabbalah* judaica, a alquimia cristã e o sufismo islâmico exerceram papel decisivo na concepção e evolução da ciência.

Os editores

Sumário

Introdução

A crise da modernidade e a Sabedoria Perene

Tudo tem um preço. Nos últimos quatrocentos anos, transcorridos sob o selo da "modernidade", o preço que a humanidade pagou por seu extraordinário desenvolvimento científico e tecnológico foi a progressiva perda da dimensão espiritual da existência. O homem afastou-se de Deus, isto é, de sua realidade mais íntima, e mergulhou em uma profunda alienação, que o filósofo alemão Martin Heidegger (1889-1976) chamou de "esquecimento do Ser". Esquecidos de quem somos, experimentamos, então, um tríplice divórcio: da humanidade com a natureza, dos homens uns com os outros, do indivíduo consigo mesmo. O primeiro produziu a atual crise ecológica; o segundo, a crise ética, política, social e econômica; o terceiro, a crise psicológica. Todas elas são apenas diferentes facetas de uma crise maior, de fundo espiritual, que, por força das sucessivas globalizações inerentes à era moderna, alcançou escala planetária.

Deslumbrados com os poderes da ciência e da tecnologia, passamos a nos comportar como o aprendiz de feiticeiro da lenda, agindo no mundo da maneira mais desastrada. Esquecemos que todos os aspectos da realidade fazem parte de um tecido único e que é impossível puxar uma ponta sem balançar as demais. A conseqüência mais sombria desse comportamento irresponsável é que, pela primeira vez em sua longa existência, a humanidade tornou-se capaz de extinguir a si própria. A se acreditar na teoria do Big Bang, a natureza precisou de quinze ou mais bilhões de anos de evolução material para produzir o corpo humano. Pela via das armas nucleares ou de um desastre ecológico, essa maravilha da criação pode ser riscada da face do universo em um estalar de dedos.

Durante a maior parte do século XX, o ateísmo pareceu ser uma tendência inexorável, ao menos entre as pessoas cultas. Repetindo as palavras do filósofo alemão Friedrich Nietzsche (1844-1900), numerosos intelectuais proclamaram a "morte de Deus". A ciência foi vista como um substitutivo da religião. E a economia política de Marx e a psicanálise de Freud – ambas declaradamente atéias – modelaram a vida de milhões de pessoas. Nas duas últimas décadas daquele século, porém, ocorreu uma surpreendente mudança na direção do vento. Uma sede pelo sagrado instalou-se no planeta, fazendo com que muitos ateus convictos retornassem a suas religiões de origem ou fossem buscar em formas alternativas de espiritualidade a resposta para suas inquietações interiores. Contrariando a opinião de Freud, que encarava a religiosidade como um sintoma de patologia ou no mínimo de imaturidade psíquica, pesquisadores tão respeitáveis quanto o psiquiatra tcheco Stanislav Grof afirmaram ser a dimensão espiritual uma instância fundamental da psique, cuja negação nos tornaria irreparavelmente mutilados e infelizes.

A revitalização da espiritualidade tem sido acompanhada por um crescente interesse pela diversidade religiosa. Formas diferentes de fé, anteriormente encaradas com preconceito e até mesmo hostilidade, são agora observadas com curiosidade e respeito. É comum encontrarmos pessoas que buscam em religiões distantes as respostas que não souberam encontrar em suas religiões de origem. O extraordinário intercâmbio de informações proporcionado pela internet e pelos modernos meios de comunicação contribui significativamente para isso.

Infelizmente, em oposição a essa tendência pluralista, tem crescido, de forma muito mais rápida e ruidosa, o fanatismo religioso. Enxergando em sua própria religião a única expressão da verdade e vendo todas as outras como errôneas e até mesmo demoníacas, os fanáticos de diferentes credos constituem hoje um dos principais fatores de divisão e instabilidade no planeta. É um erro chamá-los de "fundamentalistas", pois nada destoa mais dos verdadeiros fundamentos das diversas religiões do que sua maneira monocórdia e exclusivista de viver os ensinamentos tradicionais.

Mais do que isso, é preciso tomar cuidado para não confundir a parte com o todo. O fanatismo está em evidência devido às suas estratégias espetaculosas e aos seus métodos tantas vezes cruéis. Porém, os fanáticos constituem uma ínfima minoria em meio a bilhões de pessoas de bem que buscam nas religiões uma resposta para suas perplexidades e um conforto ante as asperezas da vida.

O fenômeno religioso parece ser tão antigo quanto a própria espécie humana. Numerosos vestígios arqueológicos com evidente finalidade mágico-religiosa remontam ao período paleolítico. Refletindo diferentes aspectos da experiência humana, as diversas formas religiosas mantêm entre si uma fascinante relação de complementaridade. O diálogo entre essas religiões, a filosofia, as ciências e as artes pode nos trazer, se não a solução, ao menos poderosos elementos para a superação da atual crise planetária.

Importantes cientistas do século XX, como Albert Einstein, Niels Bohr e Wolfgang Pauli, perceberam que a ciência havia chegado a um ponto que exigia o resgate da perspectiva espiritual. E procuraram nas grandes tradições místico-filosóficas do passado as respostas que o materialismo não lhes podia oferecer. Essa busca espiritual tornou-se ainda mais intensa nas gerações científicas posteriores, mobilizando inteligências privilegiadas como as do físico David Bohm. Em 1986, durante um encontro realizado em Veneza, foi redigida uma declaração, assinada por intelectuais de renome internacional, da estatura do paquistanês Abdus Salam (Prêmio Nobel de Física) e do francês Jean Dausset (Prêmio Nobel de Medicina). Nela se afirma que a ciência e as tradições espirituais são complementares e não contraditórias, e que o intercâmbio entre elas "abre as portas para uma nova visão da humanidade" (*leia adiante o texto integral de A Declaração de Veneza*).

Essas idéias vêm ganhando adeptos, mas ainda surpreendem muita gente. Entre os que se opõem a elas, há cientistas de inegável valor que confundem, porém, o pensamento científico com o materialismo. Se estudarmos a fundo a história da ciência, veremos que tal suposição não se sustenta, pois foi no seio das tradições espirituais que as ciências nasceram e se desenvolveram. A intenção do presente livro é oferecer algum subsídio histórico para essa afirmação.

Um sinuoso caminho separa o xamã ancestral do cientista contemporâneo. Em seu curso, como no balé da dialética hegeliana, vivemos inicialmente o momento da tese, no seio da ciência tradicional, impregnada de valores, métodos e símbolos sagrados. Pouco a pouco, o saber científico desgarrou-se de suas raízes espirituais. Uma diferenciação necessária – progressiva, mas não linear – demarcou os dois campos. E sobreveio o momento da antítese, no qual germinou, nasceu e prosperou a ciência moderna. Seus gritos de triunfo ainda se propagam pelo espaço, em uma atmosfera física e espiritual a cada dia mais tóxica. Mas também isso parece condenado a perecer. A era moderna, da qual tanto nos orgulhamos, talvez não seja mais do que um período desproporcionalmente breve no longo itinerário evolutivo reservado ao homem. E o despertar das consciências para a espiritualidade já anuncia o momento da síntese.

Ele aponta para uma nova visão de mundo, capaz de superar as trágicas limitações da ciência materialista e da espiritualidade institucionalizada, e de reconciliar a humanidade com a natureza, os homens uns com os outros, o indivíduo consigo mesmo. Em um nível mais alto de consciência e auto-realização poderemos, então, resgatar o vínculo entre o espírito e a matéria, corporificado nos saberes tradicionais. Só assim terão sentido as extravagantes palavras de Nietzsche: "Eu vos anuncio o super-homem".

A Declaração de Veneza

1. Estamos testemunhando uma importante revolução no campo das ciências, resultante das reflexões sobre ciência básica (em particular pelos progressos recentes da física e da biologia), das mudanças rápidas que elas ocasionaram na lógica, na epistemologia e na vida diária por intermédio de suas aplicações tecnológicas. Contudo, notamos ao mesmo tempo um grande abismo entre a nova visão de mundo que emerge do estudo de sistemas naturais e os valores que continuam a prevalecer na filosofia, nas ciências sociais e humanas e na vida da sociedade moderna – valores amplamente baseados num determinismo mecanicista, num positivismo ou num niilismo. Acreditamos que essa discrepância é prejudicial e na verdade perigosa para a sobrevivência de nossa espécie.
2. O conhecimento científico, em seu próprio ímpeto, atingiu o ponto em que pode começar um diálogo com outras formas de conhecimento. Nesse sentido, e mesmo reconhecendo as diferenças fundamentais entre a Ciência e a Tradição, vemos ambas como complementares e não como contraditórias. Esse novo e enriquecedor intercâmbio en-

tre a ciência e as diferentes tradições do mundo abre as portas para uma nova visão da humanidade, e mesmo para um novo racionalismo, o que poderia induzir a uma nova perspectiva metafísica.

3. Mesmo não desejando obter um enfoque global, nem estabelecer um sistema fechado de pensamento, nem inventar uma utopia, reconhecemos a necessidade premente de pesquisa autenticamente transdisciplinar mediante uma dinâmica de intercâmbio entre ciências naturais, sociais, arte e tradição. Poderia ser dito que esse modo transdisciplinar é inerente a nosso cérebro, por meio da dinâmica da interação entre seus dois hemisférios. Pesquisas conjuntas da natureza e da imaginação, do universo e do homem poderiam aproximar-nos da realidade e permitir-nos um melhor enfrentamento dos desafios de nosso tempo.
4. A maneira convencional de ensinar ciência mediante uma apresentação linear do conhecimento não permite que se perceba o divórcio entre a ciência moderna e visões de mundo que estão hoje superadas. Enfatizamos a necessidade de outros métodos educacionais que levem em consideração o progresso científico atual, que agora entra em harmonia com as grandes tradições culturais, cuja preservação e estudo profundo são essenciais. A Unesco deve ser a organização apropriada para promover essas idéias.
5. Os desafios de nosso tempo – o risco de destruição de nossa espécie, o impacto do processamento de dados, as implicações da genética etc. – jogam uma nova luz sobre as responsabilidades sociais da comunidade científica,

tanto na iniciativa quanto na aplicação de pesquisa. Embora os cientistas possam não ter controle sobre as aplicações de suas próprias descobertas, não poderão permanecer passivos quando confrontados com usos impensados daquilo que descobriram. É nosso ponto de vista que a magnitude dos desafios de hoje exige, por um lado, um fluxo de informações para o público que seja confiável e contínuo e, por outro, o estabelecimento de mecanismos multi e transdisciplinares, para conduzir e mesmo executar os processos decisórios.

6. Esperamos que a Unesco considere esse encontro como um ponto de partida e encoraje mais reflexões do gênero, num clima de transdisciplinaridade e universalidade.

1

A sabedoria ancestral dos xamãs

Chifres de rena, orelhas de lobo, rosto de leão, corpo de cavalo, patas de urso: o resultado de tão fantástica mistura é um homem, a única criatura capaz de sintetizar em si os poderes de todos esses animais. Do fundo dos milênios, ele parece observar, dentro dos olhos, o próprio observador que o olha. Esse fascinante personagem é o objeto de uma pintura do período paleolítico, registrada nas paredes da caverna de Les Trois Frères, na França. Trata-se, provavelmente, do mais antigo retrato de um xamã, o detentor do conhecimento nas sociedades primitivas, antepassado remoto não apenas dos pajés contemporâneos, mas de todos os sacerdotes, filósofos, cientistas e artistas.

Segundo a antropóloga norte-americana Joan Halifax, uma das principais estudiosas do tema, a palavra xamã vem do védico indiano *'sram*, que significa "incendiar a si mesmo" – referência à habilidade, desenvolvida por certos homens e mulheres, de induzir na própria mente estados não ordinários de consciência. Porém, o xamanismo é muito mais arcaico que os Vedas, fazendo parte das culturas dos povos caçadores-coletores pré-históricos de várias partes do mundo.

Para o olhar desatento, os xamãs podem parecer simples feiticeiros, porém ultrapassam em muito essa qualificação. Antropólogos que os observaram durante anos ficaram surpresos com a amplitude e a profundidade de seus saberes. Eles se destacam como médicos das sociedades primitivas, especialistas na identificação das doenças e na prescrição das práticas de cura. Mas também são músicos e dançarinos, poetas e contadores de histórias, pintores e artesãos, guardiões dos mitos e mediadores dos conflitos da comunidade, sofisticados conhecedores dos minerais, vegetais e animais, exímios viajantes nos caminhos do mundo material e do mundo espiritual. Acima de tudo, como afirma Joan Halifax, são "peritos do sagrado e mestres do êxtase".

O xamanismo é a mais antiga tradição espiritual e cognitiva de que se tem registro. Tão antiga quanto o próprio *Homo sapiens*, cujo aparecimento é datado pelo arqueólogo francês Yves Coppens entre 125 mil e 30 mil anos atrás. E, ao menos em seus traços gerais, continua viva entre as populações indígenas dos cinco continentes. De onde vem sua sabedoria ancestral? O antropólogo norte-americano Michael Harner – ex-presidente da Seção de Antropologia da Academia de Ciências de Nova York e considerado uma autoridade mundial em xamanismo – afirma que o segredo dos conhecimentos xamânicos é o acesso a estados não ordinários de consciência. "Utilizando determinadas técnicas, o xamã consegue 'viajar' para 'outros mundos' e 'ver' o que as demais pessoas não vêem", afirma Harner.

Aos diletantes, Harner adverte que o xamã não "viaja" a "outros mundos" para fazer turismo. Ele tem um trabalho a realizar, uma missão a cumprir, pautada pelas necessidades coletivas de sua comunidade. A "viagem" de que fala o antropólogo – geralmente associada às cerimônias de cura ou à busca do conhecimento – é um percurso através de diversos planos de consciência. "Ao redor do mundo", informa Harner, "usam-se diferentes portas para os estados não ordinários de consciência." Noventa por cento dos xamãs utilizam o som repetitivo do tambor, das maracas e de outros instrumentos musicais. Os veículos para os estados inusuais de consciência variam, porém, conforme o substrato cultural. Alguns povos indígenas – como os ianomâmi – ainda recorrem a poderosas substâncias psicoativas para abrir as portas da percepção. Já outros – como os guarani – proíbem terminantemente o consumo desse tipo de drogas, mas empregam meios como a fumaça do tabaco para ascender ao "plano espiritual".

Depois de atravessar a "porta", tudo o que o xamã "vê" tem, para ele, uma existência real. Encontrar-se com espíritos faz parte do jogo. É, por assim dizer, o feijão com arroz do xamanismo. O que realmente interessa ao xamã é achar os espíritos certos, capazes de auxiliá-lo em seu trabalho de cura. Segundo Harner, o xamã e seus "espíritos auxiliares" estabelecem entre si uma simbiose perfeita. De acordo com o sistema de crenças xamânico, os "espíritos auxiliares" teriam participado de nossa realidade ordinária em tempos passados e conheceriam nossos sofrimentos melhor do que nós mesmos. Manifestariam uma grande compaixão, mas precisariam de um suporte material para poder atuar. O xamã lhes ofereceria essa possibilidade. Ao mesmo tempo, "vendo-os" auxiliar, aprenderia com eles, de modo que os espíritos seriam seus professores.

Para os especialistas na linguagem xamânica, a figura híbrida pintada na caverna de Les Trois Frères informa, de maneira precisa, quais eram os espíritos auxiliares daquele xamã ancestral. No contexto de uma comunidade de caçadores, ele devia ser um grande sábio, pois tinha como espíritos auxiliares a rena, o lobo, o leão, o cavalo e o urso. Não apenas uma rena, um lobo, um leão, um cavalo, um urso. Mas *a* rena, *o* lobo, *o* leão, *o* cavalo, *o* urso. Cada um desses espíritos sintetizaria os atributos e as capacidades da espécie inteira. Longe de ser uma representação simbólica – conceito estranho à visão de mundo primitiva –, a pintura tinha provavelmente a função mágica de invocar a presença e os poderes dos espíritos auxiliares.

Estudar o xamanismo é resgatar as próprias raízes do conhecimento humano. Mas como explicar as inquietantes concepções xamânicas à luz da ciência contemporânea? É confortador pensar que os "mundos" para os quais "viaja" o xamã só existem em sua imaginação. Que os "estados não ordinários de consciência" que ele experimenta não passam de alucinações. Que os "espíritos" com os quais interage são, na melhor das hipóteses, formas concretas utilizadas pelo homem primitivo para representar os conteúdos abstratos da psique. Que a comprovada eficácia de suas "práticas de cura" se deve tão-somente ao poder da sugestão ou ao hábil emprego de ervas medicinais.

Porém, essas opiniões apressadas se baseiam muito mais em preconceitos filosóficos do que em uma investigação criteriosa dos fenômenos. Um dado que dificilmente se encaixa na bitola estreita dessas explicações pretensamente científicas são as descrições, feitas pelos xamãs, de certas localidades "visitadas" por eles em estados não ordinários de consciência. Essas descrições coincidem muitas vezes – e nos mínimos detalhes – com as de lugares realmente existentes, mas previamente desconhecidos pelos xamãs. São localidades em geral distantes e ligadas a contextos culturais completamente diferentes daqueles onde vivem e atuam os videntes – o que parece provar que suas experiências visionárias não são culturalmente condicionadas, como muitas vezes se supõe.

Ainda mais freqüentes do que as "viagens" a lugares do mundo físico são as "jornadas" a regiões supostamente situadas em outros planos da existência. Aos olhos do xamã, essas localidades são tão reais quanto aquelas, e muitos estudiosos acreditam que não temos nenhum motivo consistente para duvidar disso. Esses misteriosos domínios parecem identificar-se com aquilo que o célebre filósofo e historiador da religião Henri Corbin chamou de *Mundus Imaginalis* ("Mundo Imaginal"). Na acepção de Corbin, o termo "imaginal" não se confunde com "imaginário". Apesar de se manifestarem como imagens, os cenários, coisas e habitantes do Mundo Imaginal, mencionados por todas as grandes tradições espirituais do planeta, não seriam meros produtos da imaginação, mas, sim, entes dotados de existência objetiva, embora não física. Eles participariam de um nível de realidade intermediário entre o plano material e o plano espiritual propriamente dito.

O que aparentemente atesta a objetividade das estruturas do Mundo Imaginal é o fato de que elas se repetem em diferentes experiências e podem ser observadas, de forma independente, por pessoas dos mais variados contextos culturais. Para tanto, basta sintonizar, mediante procedimentos perfeitamente conhecidos e codificados, o necessário estado de consciência. Daí a razão de que o xamanismo seja praticado com sucesso também por indivíduos cultos de sociedades urbanas altamente industrializadas, como é o caso do próprio Michael Harner.

Podemos falar em uma ciência xamânica? Para os praticantes do xamanismo, não existe uma ciência enquanto conhecimento diferenciado e especializado. Todo o saber apresenta-se integrado em um todo indivisível. Mas, no corpo dessa sabedoria unitária, é possível perceber um tipo de etnociência que estabelece esquemas requintados de classificação dos entes e fenômenos naturais. Sua noção de natureza é muito diferente daquela das sociedades industrializadas. A selva, por exemplo, tem para o xamã nuances e diferenciações que escapam até mesmo à observação dos biólogos mais sofisticados. E a cada ente ou fenômeno da natureza ele associa um ou vários entes "imaginais".

A antropóloga Joan Halifax descreve um conjunto de práticas que constituem, em sua opinião, os principais elementos do xamanismo. Eles podem ser agrupados em três grandes tópicos – a iniciação, o aprendizado e a busca da "visão":

1. O processo de iniciação está associado à idéia de "morte e renascimento". O aspirante "morre" para sua antiga existência e "renasce" como xamã. Trata-se evidentemente de um acontecimento simbólico, mas que pode assumir formas extremamente drásticas. Um exemplo disso, descrito por Halifax, foi a iniciação de Igjugarjuk, famoso xamã esquimó do início do século XX. No auge do inverno ártico, ele teve de passar um mês inteiro sentado, dentro de um iglu apertado, em uma região distante e desolada. Durante esse período, foi-lhe dado para comer e beber apenas um pequeno pedaço de carne e duas xícaras de água quente. "De

tempos em tempos, eu morria um pouco", declarou Igjugarjuk anos mais tarde.

2. O aprendizado da ciência xamânica pode demandar anos de proximidade com um mestre-xamã, ao qual o aspirante se entrega de corpo e alma. Mas sempre exige um período de total solidão, em íntimo contato com a natureza selvagem, no qual o indivíduo deve ajustar contas consigo mesmo. Foi o que ocorreu com Igjugarjuk em seu árduo mês passado longe de tudo e de todos.
3. A busca da "visão" é o esforço empreendido pelo aprendiz para acessar o *Mundus Imaginalis*, seus cenários, personagens e conhecimentos secretos. Após seu mês de provação e quase à beira do colapso, Igjugarjuk, segundo suas próprias palavras, teve a "visão" de Pinga, uma deslumbrante divindade feminina, que lhe conferiu a iniciação, os conhecimentos e os poderes.

Os saberes xamânicos constituem um imenso desafio ao sistema de crenças da ciência moderna. Em vez de descartá-los *a priori*, como simples crendices, o cientista contemporâneo deveria considerá-los uma "outra" forma de conhecimento. E, munido de muita humildade e o mínimo de preconceitos, dialogar com eles, como preconiza a Declaração de Veneza. Ao fazê-lo, estaria enriquecendo seus próprios saberes e prestando uma merecida homenagem a um remoto ancestral. "As práticas xamânicas podem coexistir pacificamente com as ciências contemporâneas", afirma Michael Harner. "Conheço muitos xamãs que, depois dos rituais de cura, enviaram seus pacientes aos missionários, para que tivessem tratamentos à base de antibióticos. Em contrapartida, eu mesmo dei um *workshop* sobre xamanismo na Escola de Medicina da Universidade de Harvard." Esse intercâmbio fecundo entre diferentes sistemas cognitivos – no mais puro espírito do Princípio da Complementaridade do físico quântico Niels Bohr – é um passo fundamental para a construção de uma nova, profunda e abrangente visão da realidade.

2

A revelação shivaísta e seu impacto cultural

As remotas manifestações do xamanismo – cuja origem não se pode localizar nem datar com exatidão – são as raízes da grande árvore do conhecimento, plantada no solo fértil da consciência humana. Em um momento impreciso – de qualquer forma, ocorrido há mais de 8 mil anos –, essas raízes, vindas de diversas direções, convergiram em um tronco majestoso. Gravuras rupestres, baixos-relevos ou selos de argila de vários pontos do planeta começam a mostrar, nessa época, a figura de um homem sentado em uma postura clássica de ioga (*siddhasana*), com as mãos dispostas em um gesto de sabedoria (*jnana mudra*). Ele eventualmente possui chifres – que atestam seu poder e sua conexão com o "mundo superior" – e aparece cercado de animais. O personagem assim representado é Pashupati, o "Senhor dos Animais e das Almas Individuais", uma das muitas designações atribuídas a Shiva.

A palavra Shiva (Benévolo) está associada a uma antiqüíssima e duradoura concepção de Deus como

Realidade Absoluta. Além de Pashupati, ele teve, ao longo de milênios, nada menos que 1008 outros diferentes nomes. Shiva é Isha (Senhor), Mahadeva (Deus Supremo), Mahayogi (Supremo Mestre da Ioga), Mahakala (Senhor do Tempo), Nataraja (Rei da Dança), Rudra (Aquele que Provoca Lágrimas), Shânkara (Pacificador), Bhima (Terrível), Shambu (Beneficente). As denominações se contradizem, e não poderia ser de outro modo, pois correspondem às diferentes formas de manifestação daquele que, em si mesmo, engloba todas as formas e transcende toda a manifestação.

Os nomes são de origem indiana, mas a extraordinária difusão das imagens de Shiva, de suas "consortes" e de seus "filhos" mitológicos, e dos objetos de seu culto atestam que o impacto cultural do shivaísmo alcançou escala planetária. Um desses objetos é o *lingam*, um artefato vertical de formato fálico. Mais do que um atributo divino, ele é uma representação não antropomórfica da própria Divindade. Expressa o poder criador de Deus; a unidade do Ser; a conexão entre "o que está embaixo" e "o que está em cima" (o mundo material e o mundo espiritual); e o despertar e a plena ascensão da *Kundalini-Shakti*, a "energia divina" presente em cada ser humano (*leia adiante*). Há *lingans* de pedra espalhados por todo o território indiano. Esse também é o conceito que deu origem à cultura dos menires – os gigantescos blocos de pedra extensamente difundidos pelo Oriente Médio e Europa durante a pré-história, e que, mais tarde, inspiraram a fabricação dos portentosos obeliscos egípcios. Sthanu (Coluna) é um dos nomes de Shiva.

Associado ao culto shivaísta, constituiu-se, pouco a pouco, um impressionante corpo de conhecimento. Ele compreende um completo sistema de ioga, uma filosofia que faz sombra às maiores realizações do pensamento grego e um conjunto de saberes científicos e artísticos que inspirou, modelou e nutriu toda a grande cultura da Antiguidade. Particularmente relevantes foram suas realizações nos campos das matemáticas e da física, da astronomia e da astrologia, da química e da alquimia, da mineralogia e da botânica, da fisiologia e da medicina, da arquitetura e da poesia. A grandiosidade desse legado cultural só agora começa a ser reconhecida pelos estudiosos ocidentais.

O motivo de tal atraso é fácil de identificar. Ele decorre da mentalidade colonialista e eurocêntrica que influenciou até mesmo os pesquisadores melhor intencionados. Esse enfoque atribuiu aos gregos, primeiro, e à cristandade européia, depois, o papel de criadores e promotores de tudo o que há de relevante na história da civilização. Os povos não europeus foram vistos como selvagens ou, na melhor das hipóteses, como crianças ingênuas e supersticiosas, fracas de razão e de vontade, que cabia às potências colonialistas tomar pelas mãos e educar. Essa concepção há muito foi banida da historiografia, mas deixou um resíduo difícil de erradicar. Se a enorme contribuição dos filósofos, cientistas e artistas muçulmanos da Idade Média – muito mais recente e documentada – ainda tem sido subestimada pelos historiadores ocidentais, o que dizer de sábios indianos semilendários, cuja mera existência histórica é muitas vezes contestada?

Tanto mais quando, até na própria Índia, o shivaísmo autêntico foi de certa forma marginalizado. Essa marginalização também se compreende, pois o shivaísmo sempre se opôs a tudo o que fundamentava a ordem estabelecida: o sistema de castas e a discriminação social, os preconceitos étnicos e a opressão da mulher, o ritualismo minucioso e a religiosidade puritana. Se o shivaísmo sobreviveu e conservou sua extraordinária vitalidade, isso se deve principalmente à atuação dos *siddhas*, os "perfeitos" – homens e mulheres que, por meio da prática intensiva das várias disciplinas da ioga, teriam alcançado, em diferentes épocas, os mais altos estágios de desenvolvimento físico, mental e espiritual reservados ao ser humano.

Os *siddhas* excursionaram pelas regiões mais remotas do território indiano, engajaram-se na construção de grandes templos e santuários, estruturaram toda uma rede de ensino, baseada na experiência direta e na relação pessoal entre mestre e discípulo, e redigiram uma vasta obra sobre temas espirituais, filosóficos, científicos e artísticos. Tudo isso representou uma inestimável contribuição para a unificação cultural da

Índia. Ao mesmo tempo, suas viagens por terras distantes levaram a cultura shivaísta muito além das fronteiras do subcontinente indiano. Quer para proteger conhecimentos preciosos da mera curiosidade de pessoas despreparadas, quer para escapar da censura ou das represálias dos defensores da ordem estabelecida, eles deram a seus tratados uma forma poética deliberadamente obscura. Não é fácil lê-los sem uma chave interpretativa. Esses textos – redigidos em sânscrito ou no antigo idioma tâmil, e muitas vezes registrados em folhas de palmeira, corroídas pela ação do tempo – vêm tornando-se pouco a pouco acessíveis graças ao enorme esforço de alguns estudiosos. É o caso, por exemplo, da recente tradução inglesa do *Thirumandiram*, um vasto tratado de ioga em língua tâmil, composto provavelmente no século VI ou VII e atribuído ao *siddha* Thirumular.

Conhecidos como *siddhantas*, os compêndios astronômicos indianos tiveram uma importância decisiva para a constituição da matemática e da astronomia islâmicas e, por decorrência, da ciência ocidental. Todos os historiadores da astronomia antiga e medieval referem-se a eles, mas atribuem à palavra *siddhanta* as conotações mais disparatadas. Ora, *siddhanta* nada mais é do que o nome da tradição dos *siddhas*, também chamada de *shaiva siddhanta*, para enfatizar sua conexão com o culto de Shiva. O simples fato de que isso escape à atenção dos mais sérios estudiosos já é um indício revelador do quanto será preciso fazer para resgatar o legado cultural shivaísta.

Melhor sorte teve a medicina dos *siddhas*, que foi provavelmente uma fonte de influência da medicina *ayurvédica* indiana e da medicina taoísta chinesa, ambas cada vez mais praticadas no Ocidente. As bibliotecas do estado indiano do Tamil Nadu conservam nada menos que setecentos tratados médicos atribuídos aos *siddhas*, e seus preceitos continuam a ser praticados em uma vasta rede de hospitais, ambulatórios e farmácias, com expressivo apoio governamental. Torna-se mais fácil compreender o alto desenvolvimento alcançado por essa medicina milenar quando se leva em conta o valor atribuído ao corpo humano pela tradição shivaísta.

Diferentemente da maioria das correntes espirituais que surgiram mais tarde, o shivaísmo jamais encarou o corpo como uma fonte de tentação, pecado e sofrimento. Ao contrário, sempre o reverenciou e cultivou como uma esplêndida manifestação da própria Divindade e como o mais efetivo instrumento para a prática das diversas modalidades de ioga, que, no limite, proporcionariam ao ser humano sua plena realização. Para alcançar os mais elevados estágios da iluminação mística, o adepto não devia negar e mortificar o corpo – como fariam posteriormente os ascetas de outras tradições, inclusive o cristianismo –, mas mantê-lo saudável e vigoroso pelo maior tempo possível. Com esse objetivo, os *siddhas* empenharam-se seriamente na elaboração de toda uma ciência voltada ao rejuvenescimento e à pretensa conquista da imortalidade: a *kaya kalpa*.

Em uma das estrofes do *Thirumandiram*, Thirumular afirma:

Houve um tempo em que eu desprezei o corpo.
Mas, então, vi Deus em seu interior.
Entendi que o corpo é o templo do Senhor.
Então, comecei a preservá-lo com infinito
cuidado.

A exemplo das medicinas *ayurvédica* e taoísta, a medicina *siddha* dá grande importância à análise do pulso. Examinando a pulsação, seus praticantes são capazes de obter nada menos que quarenta informações diferentes acerca da condição física, mental e espiritual do paciente. Os medicamentos adotados diferem, porém, daqueles prescritos por outros sistemas médicos tradicionais, porque, além de componentes vegetais, utilizam também muitos ingredientes minerais, como mercúrio, enxofre, mica, cobre, ferro e outros. O poder desses princípios ativos, administrados, como na homeopatia, em doses muito pequenas, seria potencializado por coadjuvantes como mel, manteiga clarificada, leite, extratos vegetais, suco de gengibre, suco de folhas de betel e água quente. A concepção de medicina dos *siddhas* é extremamente abrangente, como o atestam os seguintes versos de Thirumular:

Medicina é aquilo que trata as desordens do corpo físico;
Medicina é aquilo que trata as desordens da mente;
Medicina é aquilo que evita as doenças;
Medicina é aquilo que possibilita a imortalidade.

Para atingir tais objetivos, mais importantes do que os medicamentos são as práticas de ioga. E, nesse domínio, os *siddhas* desenvolveram um sistema completo, a *kriya yoga.* Em seus *Yoga Sutras,* que formam o mais famoso tratado da ioga clássica, o *siddha* Patânjali afirmou: "Prática intensiva (*tapas*), auto-estudo (*svadhyaya*) e devoção ao Senhor (*Ísvara-pranidhana*) constituem a *kriya yoga*". *Yoga* significa "união". *Kriya* quer dizer "ação consciente". *Kriya yoga* é, portanto, a ação consciente que permite ao indivíduo (a parte) unir-se a Deus (o Todo).

A *Kriya yoga* é composta por um minucioso conjunto de práticas físicas (*kriya hatha yoga*), práticas respiratórias (*kriya kundalini pranayama*), práticas meditativas (*kriya dhyana yoga*), práticas recitativas (*kriya mantra yoga*) e práticas devocionais (*kriya bhakti yoga*). Cada uma delas pretende atuar sobre um dos cinco "corpos" que revestiriam o *Atman,* a essência divina presente no interior de todo ser humano: respectivamente, o corpo físico (*annamayakosha*), o corpo vital (*pranamayakosha*), o corpo mental (*mano-*

mayakosha), o corpo intelectual (*vijnanamayakosha*) e o corpo espiritual (*anandamayakosha*). Em conjunto, essas disciplinas compõem um sistema abrangente e harmonioso, que trabalha o indivíduo em sua totalidade. A eficácia terapêutica de suas práticas vem sendo estudada por pesquisadores médicos nos Estados Unidos, Inglaterra, Canadá e Itália, e tem sido objeto de artigos em importantes publicações científicas, como a revista médica inglesa *The Lancet*.

O grande objetivo da *kriya yoga*, como de outras disciplinas místicas, é o despertar e a ascensão da misteriosa *Kundalini-Shakti*, a "energia divina" supostamente presente em todo ser humano. Essa "força primordial" parece desempenhar um papel decisivo no processo de nascimento (quando o parto é natural); depois, se torna latente; e, na maioria dos casos, só volta a atuar no momento da morte. A alquimia ocidental refere-se a ela quando fala de um "Fogo Aquoso" e de uma "Água Ígnea".

Quando inativa, a *Kundalini* é simbolicamente representada por uma serpente (*naga*) enrolada em torno de si mesma e adormecida no *muladhara*, o *chakra* ("centro de energia") fundamental, localizado na base da coluna vertebral, na região do períneo, entre os genitais e o ânus. A prática intensiva da ioga tem por objetivo acordá-la e fazê-la subir pelo *sushumna*, o "canal central de energia sutil" existente no interior da coluna. Em sua ascensão, a *Kundalini-Shakti* ativaria, um após outro, os vários *chakras* existentes ao longo do percurso, provocando uma formidável expansão da consciência e dos poderes do indivíduo.

Segundo a tradição, a *Kundalini* é uma manifestação da *Shakti*, o aspecto "feminino" ou imanente de Deus. Sua contraparte é *Shiva*, o aspecto "masculino" ou transcendente. Enquanto a *Shakti* adormecida "repousa" no *chakra muladhara*, na base da coluna, *Shiva*, seu consorte divino, "reside" no *chakra sahasrara*, situado no topo da cabeça. A separação de ambos seria rcsponsável pelo obscurecimento da consciência e por nossa concepção dualista do mundo. O propósito da *kriya yoga* é justamente superar tal situação. Quando, depois de despertar e de escalar todo o *sushumna*, a *Kundalini* atinge o *sahasrara*, diz-se que ocorre o casamento místico de *Shiva* e *Shakti*. Os aspectos "feminino" e "masculino" da Divindade são integrados na Realidade Única, primeira e última, que os *siddhas* chamam de *Parashiva* (*Shiva* Supremo). O iogue entra então em *samadhi*, um estado de superconsciência e intensa comunhão com a Realidade Absoluta.

Sri Aurobindo Gose (1872-1950), um dos maiores iogues contemporâneos, definiu tal condição como "um estado superior e sem pensamento, não maculado por qualquer movimento vital ou mental". Assim ele descreveu sua primeira experiência de *samadhi*: "Não havia ego nem mundo real. Somente, quando observava mediante os sentidos imóveis, *algo* percebia ou experimentava, em completo silêncio, um mundo de formas vazias, de sombras materializadas, sem verdadeira substância. Não havia sequer *um* ou *muitos*, só um *Isto* absoluto, carente de atributos, sem relações, puro, indescritível, impensável, porém sumamente real, a única realidade. Não era uma realização mental ou algo vislumbrado em algum lugar superior. Não era abstração. Era positivo, a única realidade positiva que existia. Embora não fosse um mundo físico espacial, penetrava, ocupava, ou melhor, inundava e afogava esta aparência de mundo físico, não deixando nenhum espaço ou lugar para qualquer outra realidade além dele mesmo, não permitindo que nada mais parecesse efetivo, positivo ou substancial [...]. O que [essa experiência] provocou foi uma paz indescritível, um imenso silêncio, uma infinita liberdade e libertação".

Os *siddhas* são considerados os supremos mestres da ioga e fazem remontar sua linhagem ao próprio Shiva, que, assumindo uma forma humana, teria transmitido o primeiro ensinamento dessa ciência sagrada à sua consorte mitológica Párvati. Em uma cadeia ininterrupta de transmissão, de mestre para discípulo, esses conhecimentos teriam sido preservados até os dias atuais. O verdadeiro número e a identidade dos *siddhas* são impossíveis de precisar. As tradições mais antigas, cultivadas ainda hoje no sul da Índia, falam em dezoito *siddhas*. Mas é preciso ter claro que dezoito é um número místico, que não deve ser tomado ao

Diagramas shivaístas

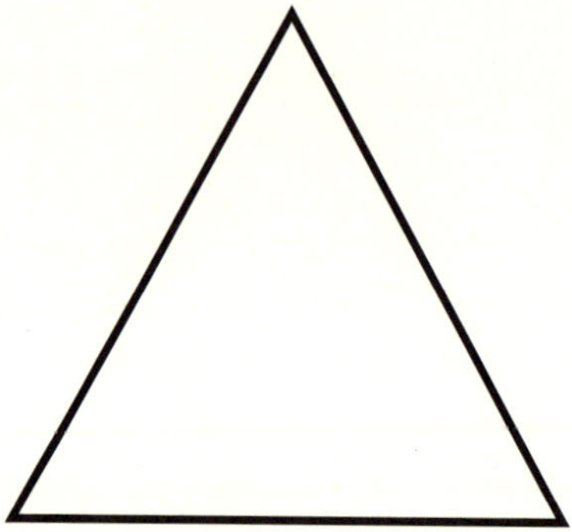

Shiva

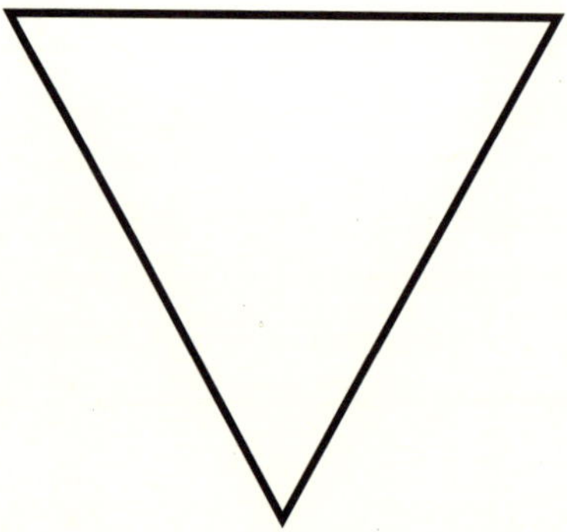

Shakti

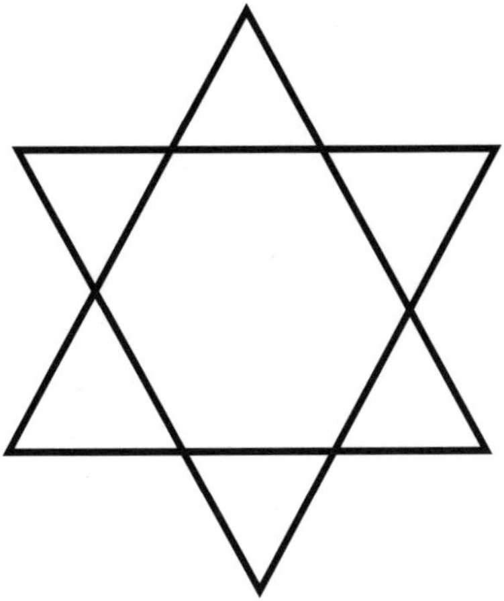

Murugan

A cada Deus ou Deusa do panteão shivaísta corresponde um *Yantra* ou diagrama místico. Para o shivaísmo, o *Yantra* não é um símbolo da Divindade, mas a própria Divindade, manifestando-se em forma diagramática. Existem centenas ou talvez milhares de *Yantras*. Os diagramas mais simples, e por isso mais poderosos, estão aqui reproduzidos. Shiva, o Princípio Masculino ou Transcendente, é o triângulo que aponta para cima, evocando o *Lingam* (Pênis) e o Céu. Shakti, o Princípio Feminino ou Imanente, é o triângulo que aponta para baixo, evocando o *Yoni* (Vagina) e a Terra. Murugan, o Arquétipo do Filho, é a estrela de seis pontas, evocando o casamento de Shiva e Shakti ou a integração do Masculino e do Feminino, do Céu e da Terra. Esse último diagrama, também adotado pelo judaísmo, recebe no esoterismo ocidental o nome de Estrela de Davi ou Selo de Salomão.

pé da letra. A composição dessa lista de dezoito "perfeitos" varia conforme a fonte consultada. E muitos *siddhas* renomados não fazem parte dela, inclusive o sublime Babaji, cuja existência foi pela primeira vez revelada ao mundo na *Autobiografia de um iogue*, de Paramahansa Yogananda (1893-1952), e cuja conexão com a linhagem dos *siddhas* foi posteriormente explicitada por Marshall Govindan, em *Babaji and the 18 siddha kriya yoga tradition.*

Quatro nomes, porém, são sempre mencionados: Nandi Devar, Agastyar, Thirumular e Boganathar. As biografias desses iogues antiqüíssimos foi de tal forma magnificada por sucessivas gerações de devotos que se torna praticamente impossível discriminar nelas os mitos e os fatos. É melhor considerá-las por inteiro, levando-se em conta que, conforme seja interpretada, a narrativa mitológica pode ser uma fonte de informação tão ou até mais relevante do que o mero relato factual. Além desses personagens ancestrais, vale a pena mencionar ainda os nomes de dois outros *siddhas* mais recentes: o poeta Paambati, de cuja obra se conservaram vários fragmentos de extraordinária intensidade; e Patânjali, o respeitado autor dos *Yoga Sutras.*

A tradição associa o local da revelação shivaísta ao monte Kailasa, no Tibete, onde Shiva teria iniciado Párvati e onde, oculta do olhar trivial, sua forma humana se conservaria até hoje. De lá, sua mensagem teria sido levada ao mítico continente de Kumari Nadu, hoje em sua maior parte submerso. Esse continente perdido, identificado com a Lemuria, é mencionado no *Silappadikaran*, um épico tâmil do século I, que fornece numerosos detalhes sobre sua suposta geografia, história, atividade econômica e vida cultural. A partir desta e de outras fontes é possível imaginar o Kumari Nadu como um vasto território que se estendia de Madagascar à Austrália, englobando o sul da Índia e o Sri Lanka. À medida que foi sendo engolido pelas águas, em meio a grandes cataclismos, seus habitantes teriam migrado em épocas sucessivas, vindo a colonizar diversas regiões do globo, inclusive o vale do Nilo e as Américas.

Esse roteiro tradicional certamente causará compreensível desconfiança nos leitores mais céticos. Mas não precisamos nos apegar a ele. Se nos ativermos apenas a vestígios arqueológicos indiscutíveis, iremos encontrar alguns dos registros mais remotos do shivaísmo nas civilizações de Mohenjo-Daro e Harappa, no vale do Indo. Habitadas por populações de língua dravidiana, aparentada com o atual tâmil, essas civilizações estão entre as mais antigas do planeta. Os estudiosos acreditam que levaram milhares de anos até atingir o sofisticado estágio cultural que exibiam em sua época de apogeu. E remontam suas origens a datas ainda mais recuadas do que o sexto milênio antes de Cristo. O impulso civilizatório que lhes deu origem se propagou mais tarde em várias direções, vindo a alcançar a

Mesopotâmia, a Palestina e o Egito; Creta, Chipre, Grécia e Itália; a Espanha, a Europa Central e as Ilhas Britânicas; a China, a Indonésia e o Camboja.

A profunda conexão do *shaiva siddhanta* com o taoísmo chinês, a *kabbalah* judaica, o sufismo islâmico e a alquimia cristã começa a ser apontada agora por diferentes pesquisadores, oferecendo perspectivas interessantíssimas para o estudo comparativo das tradições espirituais. Além de numerosas afinidades conceituais, simbólicas e práticas, essas tradições compartilham um especial apreço pela dimensão material da existência. Embora afirmem que a Realidade possui múltiplos níveis de manifestação e que o domínio material percebido por nossos sentidos é apenas um deles, elas não negam o valor da matéria nem pretendem apartar-se dela, como fazem outras linhagens ascéticas. Essa atitude favorável, que as levou a estudar a fundo o mundo material, com a perspectiva de aperfeiçoá-lo, explica sua multifacetada contribuição ao desenvolvimento das ciências.

A quintessência da mensagem do *shaiva siddantha* é, de fato, a concepção de que todos os entes e fenômenos do mundo são manifestações da Realidade Absoluta, ou *Parashiva*. Tudo o que existe possui, portanto, um caráter divino. Cabe às diversas disciplinas de seu sistema de *ioga* fazer com que esse caráter implícito se explicite plenamente no ser humano, não apenas no Atman, mas também nos cinco "corpos" que o revestem: o espiritual, o intelectual, o mental, o vital e até mesmo o físico. Essa possibilidade de transmutação integral do indivíduo é cantada no *Thirumandiram.* Em um verso particularmente inspirado, Thirumular fala da "Alquimia que transforma o Jiva de cobre [o ser humano em seu estado de aparente imperfeição] no Shiva Dourado [o ser humano que realizou todo o seu potencial divino]".

3

A cosmogonia taoísta

Os *upanishads*, antigos textos místico-filosóficos indianos, dizem que "a Verdade é uma só, embora os sábios a chamem por diferentes nomes". Com ligeiras variações de estilo, essa mesma afirmação foi repetida inúmeras vezes por grandes mestres de diversas épocas e latitudes. Ela expressa a compreensão profunda de que as tradições espirituais, que se diferenciam tanto pela forma exterior, possuem um núcleo comum, quase sempre oculto ao olhar desatento. São como as múltiplas facetas de um mesmo diamante, traduzindo uma verdade eterna em termos apropriados aos distintos contextos culturais e aos diferentes temperamentos humanos. Essa suposição torna-se ainda mais justificável quando se percebe a oculta linha de transmissão que liga uma tradição à outra.

Já comparamos o conjunto das tradições espirituais a uma grande árvore, que tem o xamanismo como raiz e o shivaísmo por tronco. Nesse esquema, o taoísmo ocupa a posição dos primeiros galhos. Assim como os nutrientes se transmitem da raiz ao tronco e do tronco aos galhos, uma secreta linha de transmissão conecta espiritualmente o xamanismo ao shivaísmo e o shivaísmo ao taoísmo.

Essa afirmação talvez cause surpresa. Afinal, poucas coisas soam tão caracteristicamente chinesas quanto o taoísmo. E seu extremo despojamento formal – depurado como uma pedra bruta ou um toco de madeira rústica – parece em tudo diferente da atordoante multiplicidade de formas e enredos mitológicos que reveste o shivaísmo indiano. Vários autores afirmam, de fato, o caráter nativo do taoísmo, cujas primeiras manifestações supostamente remontariam à pré-história da China. No entanto, escritos atribuídos ao *siddha* Boganathar propõem explicitamente sua conexão com o *shaiva siddhanta*. E tal proposição lança uma luz inteiramente nova sobre essa antiqüíssima tradição chinesa.

Desse ponto de vista, os "imortais", de que tanto falam os taoístas, não seriam outros senão os próprios *siddhas*, que, pela prática intensiva das várias disciplinas da *kriya yoga*, teriam alcançado a plena realização das potencialidades divinas latentes no homem, inclusive a imortalidade física. Viria do *shaiva siddhanta*, a concepção do Tao (*Dao*) como Realidade Absoluta, primeira e última, incognoscível e indefinível, da qual todos os entes e fenômenos do mundo não são mais que manifestações. Os conceitos de *Yang* e *Yin*, que expressam os princípios arquetípicos masculino e feminino, seriam traduções chinesas das palavras indianas *Lingam* (pênis) e *Yoni* (vagina). E o corpo de conhecimentos científicos taoístas – que inclui uma alquimia e uma medicina altamente desenvolvidas – poderia ser remontado aos saberes acumulados pelos grandes iogues devotos de Shiva.

Segundo os mencionados escritos, mestres indianos visitaram a China em tempos muito remotos e lá estabeleceram um de seus mais importantes centros de ensinamento. É deles que falaria Lao Tsé, neste belo poema do *Tao Te Ching* (*Daodejing*):

Os sublimes mestres eram, nos primórdios,
De corpo sutil e espírito penetrante,
Tão profundos que não se podia reconhecê-los.

Por não se poder reconhecê-los,
Impõe-se expor seus traços:

Prudentes!
Como a transpor um curso d'água hibernal.
Alertas!
Como a temer os vizinhos ao derredor.
Respeitosos!
Como hóspedes.
Evanescentes!
Como gelo ao derreter.
Autênticos!

Como madeira rústica.
Vazios!
Como um vale.
Obscuros!
Como água turva.

Quem pode pelo repouso clarear, pouco a pouco, o turvo?
Quem pode pelo movimento avivar, pouco a pouco, a paz?

Quem vigia esse Curso (Tao) não deseja saturar,
E, por não saturar, pode consumir, renovando-se.

(Tradução direta do chinês feita por Mário Bruno Sproviero)

A cultura shivaísta conservou o nome do mais antigo desses mestres, o *siddha* Kalangi Nathar, nascido em Kasi (Benares) e pertencente à linhagem dos *Nava Nath Sadhus* (Nove Ascetas Sagrados), que teriam sido iniciados na ioga pelo próprio Shiva. Diz a tradição que, depois de instruir os chineses por um número incontável de anos, Kalangi Nathar decidiu afastar-se temporariamente das atividades mundanas, para mergulhar na imensidão do *samadhi*, o êxtase místico. Para prosseguir sua obra, chamou à China seu antigo discípulo Boganathar, um indiano de etnia tâmil. Com o objetivo de facilitar tal missão, Boganathar teria utilizado seus poderes iogues e transmigrado seus corpos sutis para o corpo físico de um chinês morto, tornando-se conhecido pelo nome de Lao Tsé (Laozi).

Como ocorre com outros *siddhas*, a biografia de Boganathar está envolta pela aura do mito, e nos relatos a seu respeito é impossível discriminar onde termina o fato e começa a lenda. Marshall Govindan resume essas narrativas em seu livro *Babaji and the 18 siddhas kriya yoga tradition*. Boganathar foi um mestre consumado da ioga tântrica, que utiliza a sexualidade como via de acesso à iluminação espiritual, e também da *kaya kalpa*, a ciência *siddha* do rejuvenescimento, da longevidade e da imortalidade.

Essa narrativa extraordinária, que o identifica com o grande iluminado taoísta, apresenta pelo menos um interessante ponto de conexão com as lendas chinesas acerca do próprio Lao Tsé. Afirmam elas que Lao Tsé permaneceu 81 anos no útero de sua mãe. Por isso, já nasceu velho e sábio. O tempo da lendária gestação – 81 anos – não foi escolhido ao acaso. Trata-se de uma cifra mística que traduz a idéia de totalidade. Invertendo-se a ordem de seus algarismos, obtém-se 18. Ora, 18, 108, 1008 – todos eles múltiplos de 9 – são números sagrados na Índia e no Extremo Oriente. É mais do que simples coincidência o fato de que o *Tao Te Ching*, o único livro atribuído a Lao Tsé, seja composto de 81 poemas. Segundo a tradição, o mestre o escreveu ao abandonar a China, quando um guarda da fronteira o deteve e exigiu que lhe transmitisse seus conhecimentos.

Há pouquíssima informação segura sobre a vida de Lao Tsé. Supõe-se que ele tenha vivido na China durante o século VI a.C. Confúcio o visitou, certa vez, para interrogá-lo acerca dos antigos ritos. Dificilmente seria possível reunir dois temperamentos tão divergentes. De um lado, o asceta indiferente às convenções sociais, que, mais do que ninguém, devia corresponder à sua própria descrição dos "sublimes mestres" do passado, autênticos como madeira rústica. De outro lado, o intelectual pedante, habituado à afetação da vida cortesã. Após ouvir a demanda de Confúcio, Lao Tsé o repreendeu severamente:

"O senhor está falando de homens com os ossos já apodrecidos, dos quais só as palavras ficaram em nossos ouvidos. Além disso, o homem nobre, quando os tempos lhe são favoráveis, conduz sua carruagem; quando os tempos não lhe são favoráveis, dissemina-se como framboesa ao sabor do vento. Ouve-se dizer que um bom comerciante esconde no fundo seu estoque e o armazém parece vazio. Assim também o homem nobre, repleto de virtudes, ostenta no semblante parvoíce. O senhor afaste seu ar arrogante e seus desejos excessivos, suas atitudes maneiristas e suas intenções libertinas. Nada disso é de proveito para sua pessoa. Só isso tenho a lhe dizer e nada mais."

Confúcio retirou-se e disse depois a seus discípulos: "Eu sei que a ave pode voar; eu sei que o peixe pode nadar; eu sei que os animais selvagens podem correr. É possível tecer rede para os que correm; é possível deitar linhas para os que nadam; é possível armar dardos para os que voam. Chegando ao dragão, porém, eu não posso saber como ele sobe aos céus, galgando vento e nuvens. Hoje, eu vi Lao Tsé. Como ele se assemelha ao dragão!".

Nos dois primeiros versos do *Tao Te Ching*, Lao Tsé já afirma a impossibilidade de se definir o Tao: "O curso que pode ser discursado não é o Curso Eterno (Tao). O nome que pode ser expresso não é o Nome Eterno". Essas palavras traduzem a compreensão profunda de que a Realidade – com inicial maiúscula – está sempre além de nossas construções racionais, por melhores que elas possam ser. Quem sabe não fala. Quem fala não sabe. Falar do Tao já é perdê-lo, pois, quanto mais se fala, mais se constroem mediações entre o sujeito falante e o objeto falado. O que Lao Tsé proclama, nesses versos e em outros, são os limites da razão e da própria linguagem, incapazes de alcançar e abarcar a Realidade Primeira e Última.

Será que isso configura uma visão de mundo irracionalista, como pretenderam alguns críticos do taoísmo? Com base nessa suposição, já foi descartada a própria possibilidade de uma ciência taoísta – o que está em flagrante contradição com as evidências históricas. Ora, afirmar os limites da razão não é o mesmo que lhe negar qualquer capacidade cognitiva. A razão é um instrumento legítimo e eficaz, desde que não extrapole seu âmbito operacional. Em outras palavras, a razão não é capaz de compreender a Realidade Absoluta, mas consegue produzir descrições eficazes de suas manifestações parciais. Os sábios taoístas certamente sabiam disso. E, assim como os *siddhas* indianos, construíram um poderoso corpo de conhecimentos científicos, dos quais a medicina tradicional chinesa é apenas o exemplo mais conhecido.

Apesar da radical diferença de princípios, a ação dos séculos (que, como a água, lima todas as arestas) acabou produzindo uma síntese entre o taoísmo e o confucionismo. Ela se expressou no chamado neoconfucionismo, cuja obra mais famosa é o *I Ching* (*Yijing*), o Livro das Mutações, que combina a profunda inspiração taoísta com uma estruturação analítica e hierárquica do conhecimento tipicamente confuciano. Vulgarmente utilizado como oráculo, o *I Ching* é bem mais do que isso, constituindo, na verdade, um tratado de psicofísica, que correlaciona o macrocosmo e o microcosmo, os grandes ciclos da natureza e os pequenos ritmos que regem a vida humana. Seu princípio geral antecipa, em séculos, o pensamento sistêmico e a teoria dos fractais, que mal começamos a dominar.

Segundo o *I Ching*, todos os entes e fenômenos da natureza resultam da interação dialética entre os princípios *Yang* e *Yin*. Assim se lê no *Xici*, o Grande Apêndice do *I Ching*:

Nas mutações está presente a Viga-Mestra;
Dela vieram os Dois Emblemas Primordiais;
Os Dois Emblemas geraram as Quatro Imagens;
As Quatro Imagens geraram os Oito Trigramas.

Analisemos o significado de cada verso, recorrendo, em parte, à interpretação dada por Ricardo Joppert em seu livro *O samadhi do verde-azul* e, em parte, a nossas próprias reflexões. Os sábios taoístas e neoconfucianos traduziram inteligentemente suas reflexões em apurados diagramas. Os quatro densos versos do *Xici* tornam-se mais compreensíveis quando acompanhados da observação de um conjunto de diagramas:

1. O *I Ching* vê o mundo como um processo ininterrupto de mudança. Nele, tudo é impermanente. Porém, em meio às mutações, um elemento se mantém estável: a Viga-Mestra (*Tai Chi*, ou *Taiji*). Ela é o Eixo do Mundo (*Axis Mundi*). Trata-se, é claro, de uma linha virtual, de natureza metafísica. Mas a Viga-Mestra corresponde, analogicamente, ao eixo da própria Terra. Prolongada, a linha do eixo terrestre toca o firmamento, definindo um ponto: o Pólo Celeste. Para os chineses, localizados no Hemisfério Norte, esse ponto é o Pólo Celeste Norte, cuja posição corresponde sensivelmente à da Estrela Polar. Esta parece permanecer fixa, enquanto toda a abóbada estrelada se move, devido ao movimento de rotação da Terra.

Antes de qualquer manifestação, a Realidade assemelha-se a um círculo vazio, onde nada se distingue (1). Mas esse vazio, que corresponde ao Caos dos antigos gregos, está pleno de possibilidades. E o impulso realizador define um ponto no centro do círculo (2). Os *siddhas* chamam-no de *Mahabindu*, o Grande Ponto. Ele é a expressão da Unidade, que, segundo os chineses, resulta da interseção da Viga-Mestra (*Tai Chi*) com o Círculo Primordial.

1

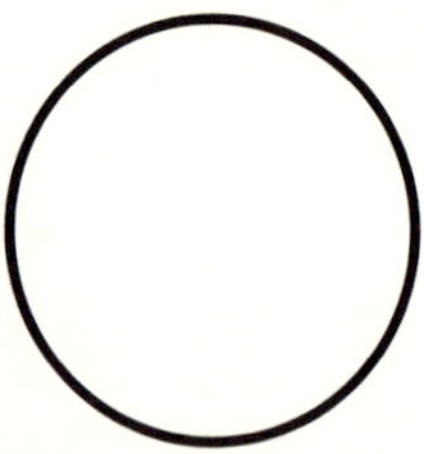

2

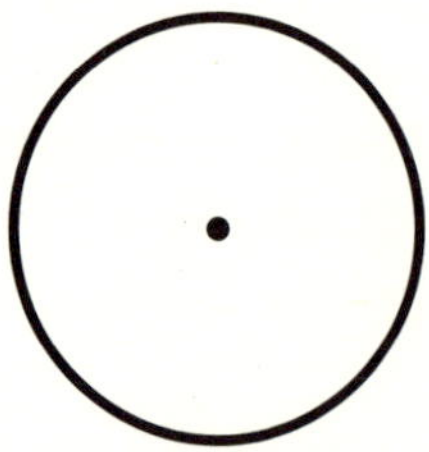

2. A presença da Viga-Mestra promove a diferenciação dos princípios criadores: o escuro *Yin*, que corresponde à natureza telúrica, concentra-se na parte inferior do círculo; o luminoso *Yang*, que corresponde à natureza

celestial, desloca-se para a parte superior. O Círculo divide-se ao meio, com o diâmetro horizontal, análogo à linha do horizonte, separando a Terra do Céu, o escuro do claro, o feminino do masculino (3).

Mas tudo é movimento no domínio da manifestação. Mal se diferenciam, o *Yin* e o *Yang* começam a girar em torno do Grande Ponto: o escuro busca as alturas, o luminoso se precipita nos baixios e sua rotação lhes confere a elegante forma curvilínea que se tornou mundialmente conhecida (4). Estes são os "Dois Emblemas" de que fala o segundo verso:

3

4

3. A impermanência, porém, é levada às últimas conseqüências. Ao ascender, o escuro se clarifica, enquanto o luminoso, descendo, se obscurece. Em seu balé dialético, os opostos transformam-se um no outro. No interior do negro *Yin*, um ponto branco anuncia o *Yang* nascente; ao passo que um ponto negro assinala, no branco *Yang*, o *Yin* em estado embrionário (5).

5

Quatro situações estão presentes, agora, em cena. E a complexificação do quadro exigiu dos chineses um outro tipo de diagrama. Para representar o *Yin* maduro, que se acumula no Nadir, eles recorreram a duas linhas horizontais interrompidas; para o *Yang*

maduro, que se concentra no Zênite, reservaram duas linhas inteiras. O *Yin* jovem, que brota no interior do *Yang*, é simbolizado por uma linha interrompida, embaixo, e uma linha inteira, em cima. No *Yang* jovem, que irrompe nas entranhas do *Yin*, a posição relativa das linhas se inverte. São essas as "Quatro Imagens" do terceiro verso (6).

Os Emblemas Primordiais

As Quatro Imagens (6)

Yin Maduro

Yang Maduro

Yin Jovem

Yang Jovem

Esta seqüência de figuras representa as etapas iniciais da cosmogonia taoísta, descrevendo diagramaticamente o processo que vai do Vazio Primordial à geração dos Oito Trigramas.

4. Estão definidas as quatro grandes orientações, que se expressam materialmente nos Pontos Cardeais. Permanece, no entanto, o ímpeto criador. Da interação do *Yin* e do *Yang* nasce uma terceira linha, que se acrescenta às duas previamente existentes. As quatro imagens geram, desse modo, os "Oito Trigramas" (*Ba Gua*) do terceiro verso (7).

Os Oito Trigramas (Bagua) (7)

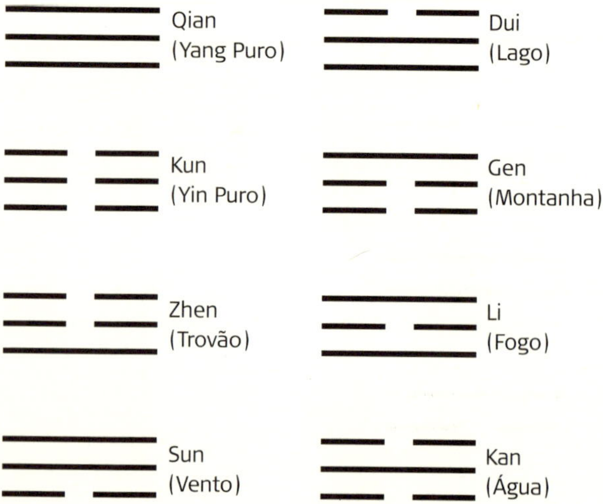

A combinação, dois a dois, dos Oito Trigramas produz os 64 Hexagramas do *I Ching*, o Livro das Mutações. Os mesmos Arquétipos, representados de forma abstrata pelos chineses, foram expressos de maneira figurativa pelos indianos. Os 64 Hexagramas do *I Ching* correspondem às 64 ioguines do shivaísmo tântrico.

Embora recebam nomes como "Vento" ou "Trovão", os Trigramas não correspondem ainda aos entes e fenômenos da natureza. Seu nível de manifestação é o dos Princípios Arquetípicos. É preciso que continuem interagindo para que cheguemos ao mundo material. Da combinação, dois a dois, dos Oito Trigramas resultam os 64 Hexagramas do *I Ching*. E esse processo ininterrupto de mutações termina por desdobrar a unidade primordial nas miríades de formas individuais que habitam os múltiplos domínios da realidade.

4

O influxo dionisíaco e a Fraternidade Pitagórica

Em seu instigante livro, *Shiva e Dioniso*, Alain Daniélou informa que vestígios do culto shivaísta, cujas datações recuam ao sexto milênio a.C., se encontram disseminados por um vasto território que alcança o Sudeste da Ásia, de um lado, e a Europa e a África, de outro. Esculpidos, gravados em pedra ou impressos em argila, esses símbolos compreendem o *Lingam* (o falo ereto); a figura de Pashupati (o Senhor dos Animais); a figura de sua consorte, a Dama da Montanha; o Touro, que é a montaria de Shiva e uma expressão zoomórfica do próprio Deus; a Serpente, que representa a *Kundalini-Shakti*, a "energia divina" presente em todos os seres da criação. Compreendem também a Suástica e a Estrela de Seis Pontas (é uma terrível perversão da história que a suástica tenha sido utilizada, no século XX, por uma ideologia que não possui nenhum vínculo com o shivaísmo, servindo de emblema para a perseguição ao povo que adotou a Estrela de Seis Pontas como símbolo religioso).

Em um sepultamento descoberto na Iugoslávia, datado do quinto ou sexto milênio a.C., verificamos que o morto foi cuidadosamente disposto em posição de ioga. E essa é mais uma prova de que, no período que chamamos de neolítico, não apenas as formas exteriores do culto shivaísta, mas também suas práticas interiores, voltadas para a auto-realização, já haviam alcançado o Ocidente. Esses registros esparsos são especialmente veementes, pois, como lembrou Daniélou, o que chamamos de Idade da Pedra foi, na verdade, um período de perecíveis edificações de madeira. "Ainda existem em nossa época, na Índia e no Sudeste da Ásia, civilizações de madeira", escreveu o estudioso francês, "e sabemos que, qualquer que seja seu refinamento, elas praticamente não deixam vestígio".

Zagreu (o Senhor dos Animais) e Cibele (a Dama da Montanha), o casal divino cultuado na ilha de Creta, correspondem sensivelmente a Shiva (na forma de Pashupati) e à sua consorte Párvati (a Filha do Rei da Montanha). Símbolos tipicamente shivaístas, como o Pilar Fálico e a Árvore Sagrada, o Touro e a Serpente, a Suástica e o Machado Duplo, também estão presentes nessa tradição. O labirinto, como espaço de iniciação espiritual, e a dança extática, destinada a levar os adeptos ao transe místico, são outros elementos que a religião cretense compartilhou com o shivaísmo indiano.

O início da civilização cretense teria ocorrido por volta de 4500 a.C. e seu apogeu artístico foi alcançado entre 2800 e 1800 a.C. O período compreendido em torno do ano 1400 a.C. corresponde à época da primeira destruição de Cnossos pelos aqueus. Esses conquistadores, vindos do Norte, incorporaram Zagreu e Cibele a seu panteão. Zagreu foi identificado com Zeus (o Dyaus das primitivas línguas indo-européias, Senhor do Espaço ou Pai do Céu, de cujo nome deriva a palavra Deus). Cibele recebeu, entre outras, a denominação de Rhea (formada a partir do vocábulo grego *reo*, que significa "manar", porque da Terra, identificada com a Deusa, provêm todas as coisas).

Mas, se o culto a essas divindades maiores foi de certa forma preservado, o mesmo não se deu com as realizações interiores da antiga tradição. Ao contrário do que ocorreu na Índia, a ioga, a filosofia, as ciências e as artes de inspiração shivaísta praticamente desapareceram do território grego, delas sobrevivendo apenas frágeis vestígios nas tradições populares.

Por volta do século VI a.C., ou pouco antes disso, uma divindade estrangeira, que guarda vários pontos de contato com o Zagreu cretense, foi introduzida na Grécia. Seu nome, Dioniso, parece derivar de uma contração dos termos Dyaus e Nisa, significando, portanto, o "Deus de Nisa". Entre a Índia, a Leste, e a Líbia, a Oeste, e entre o Cáucaso, ao Norte, e a Arábia, a Sul, há mais de dez cidades com esse nome. É provável que todas tenham recebido tal denominação por estarem ligadas ao culto de Dioniso. Em qual delas nasceu o Deus que iria fascinar o mundo grego? Daniélou sugere que ele talvez não tenha nascido em nenhuma, pois Nisa pode muito bem ser uma variação fonética de Nisah (Supremo), que é um dos 1008 nomes de Shiva.

As semelhanças mitológicas e simbólicas entre os cultos de Shiva e Dioniso são, de fato, muito evidentes e constituem o tema central do livro de Daniélou. Mas, considerado o filho de Zeus, Dioniso identifica-se muito mais com Murugan, o filho mitológico de Shiva, como o demonstrou exaustivamente Patrick Harrigan, em seu brilhante ensaio "Dionysus and Kataragama: Parallel Mystery Cults". Embora reconhecendo o caráter precursor do trabalho de Daniélou, Harrigan critica, com razão, muitas de suas conclusões apressadas. Como atenuante, deve-se dizer que a complexidade do material mitológico com que se defrontou Daniélou predispõe realmente à confusão. Nascido de uma projeção do "terceiro olho" de Shiva, Murugan é, de certo modo, uma réplica do próprio Deus Supremo, que se manifesta no mundo como o Eterno Adolescente. Ele é o Filho, enviado pelo Pai, como Salvador. Os paralelos com a tradição cristã saltam aos olhos – e não terminam aqui.

Tendo como símbolos a Lança (que representa a *Kundalini-Shakti* plenamente desperta e elevada ao longo do *sushumna*, o "canal central de energia sutil") e a Estrela de Seis Pontas (que representa a integração de *Shiva* e *Shakti*, do "masculino" e do "feminino", do que está "em cima" e do que está "embaixo"), Murugan é a Divindade favorita dos *siddhas*. E um de seus 1008 nomes é justamente *Siddha Senapati*, o Comandante dos *Siddhas*. Ele é também a Divindade por excelência da *Kali Yuga*, a "Era dos Conflitos" em que vivemos.

A dualidade entre Apolo (outro filho de Zeus) e Dioniso, que tanto impressionou Nietzsche, levando-o a cunhar os termos "apolíneo" e "dionisíaco", o primeiro para expressar a serenidade, o segundo para expressar a exaltação, parece ser um desdobramento tardio dos atributos de Murugan. Como Filho Unigênito do Pai, ele enfeixa originalmente ambas as características. E a contradição entre elas explica alguns dos aspectos mais paradoxais de seu mito.

O influxo dionisíaco (ou, mais propriamente, apolíneo-dionisíaco) do século VI a.C. oxigenou o ambiente cultural grego, aplainando o terreno para suas maiores realizações. Seu primeiro grande fruto foi o surgimento, no próprio século VI a.C., da Fraternidade Pitagórica. Em um momento em que, após longo divórcio, a ciência se reaproxima da espiritualidade, o exame da herança pitagórica adquire para nós extraordinária importância e atualidade.

Os pitagóricos são comumente lembrados pelo chamado Teorema de Pitágoras. Traduzido em linguagem moderna, ele afirma que, em qualquer triângulo retângulo, o quadrado da hipotenusa (o lado oposto ao ângulo reto) é igual à soma dos quadrados dos catetos (os lados adjacentes ao ângulo reto). Sua denominação é incorreta, pois, em uma forma restrita (a de um triângulo retângulo, cujos lados medem cinco, quatro e três unidades, respectivamente), ele já era conhecido pelos egípcios em épocas muito anteriores a Pitágoras; a generalização do teorema, por outro lado, não foi obra do mestre, mas de seus sucessores.

De qualquer modo, o Teorema de Pitágoras está longe de ser a principal contribuição da Fraternidade Pitagórica à ciência. Sua maior realização – aquela que modelou todo o pensamento científico posterior – foi a idéia de que, debaixo da superfície aparentemente desconexa de seus entes e fenômenos, a Realidade apresenta uma notável regularidade matemática. Daí deriva a possibilidade da matematização do conhecimento, alcançada posteriormente por disciplinas como a física e a química, e ambicionada por outras, como a sociologia e a psicologia. Concordando com essa concepção ou discordando dela, todos os que vieram depois – de Platão e Aristóteles a Einstein e Niels Bohr – se moveram, felizes ou contrariados, no terreno epistemológico definido pelos pitagóricos. É pouco provável que haja, na longa trajetória do pensamento, outro exemplo de influência tão definitiva.

A contemplação da natureza matemática da realidade levou os pitagóricos a importantes descobertas em campos como a aritmética, a geometria, a ciência dos tons, as harmonias musicais e a astronomia. Suas aquisições nesses domínios continuam a ser ensinadas aos estudantes de hoje, omitindo-se, muitas vezes, que o conhecimento expresso por elas foi adquirido há mais de 2500 anos. Vejamos suas principais contribuições:

1. Na aritmética, devemos aos pitagóricos muito do que sabemos sobre as propriedades dos números naturais – como, por exemplo, as noções de números ímpares e pares, e a possibilidade de se construir, a partir da série de números ímpares (1, 3, 5, 7, 9 etc.), uma série de quadrados perfeitos (1, 4, 9, 16, 25 etc.), bastando, para isso, repetir o primeiro termo da série, o número um, e somar sucessivamente a ele os termos seguintes (1; 1+3; 1+3+5, 1+3+5+7; 1+3+5+7+9 etc.). Aliás, a própria expressão "número quadrado", que empregamos correntemente, é de origem pitagórica.
2. Em geometria, entre outras conquistas, os pitagóricos descobriram que a soma dos três ângulos internos de um triângulo é igual a dois ângulos retos (180°). Aqui, sim, a descoberta parece ter sido realizada pelo próprio Pitágoras, como pretende a tradição de sua escola.
3. No domínio que se transformaria, muitos séculos mais tarde, na ciência da acústica, os pitagóricos constataram a relação numérica exata entre os intervalos harmônicos (e foi deles que herdamos a noção de harmonia) da música grega e os comprimentos das cordas e tubos dos instrumentos musicais.

4. Em astronomia, finalmente, eles nos legaram nada menos do que o sistema heliocêntrico, que afirma estar o Sol no centro das órbitas planetárias. Esse modelo, proposto no século V a.C. pelo filósofo pitagórico Filolau de Crotona, foi rigorosamente formulado no século III a.C. por Aristarco de Samos, o maior astrônomo da Fraternidade. Preterido pelas gerações posteriores em favor do sistema geocêntrico do grego-alexandrino Cláudio Ptolomeu (século II), que faz o Sol e os planetas girarem em redor da Terra, ele seria retomado apenas no século XV, por obra do astrônomo polonês Nicolau Copérnico. No tratado *Sobre a revolução dos corpos celestes*, Copérnico, que era cristão e padre, reconhece explicitamente a origem pitagórica de "seu" sistema.

É impossível compreender, porém, a unidade e o sentido dessas e outras contribuições científicas sem levar em conta o caráter mais profundo da Fraternidade Pitagórica. Ela não foi uma corrente filosófica como outras que a sucederam ao longo da história. Foi, principalmente e antes de tudo, uma confraria religiosa, movida por intenso apelo místico. A palavra "religião" deve ser entendida aqui em sua acepção original, de "re-ligação". Não estamos nos referindo a um sistema institucionalizado de dogmas e poder, mas à busca de comunhão com a Divindade, ao empenho por resgatar, em um nível mais elevado, a unidade primordial perdida. Nessa perspectiva, a atividade filosófica (e, por decorrência, científica, pois não se havia operado ainda a divisão entre filosofia e ciência) era, para os pitagóricos, um meio de purificação e elevação espiritual, um modo superior de contemplação das essências divinas escondidas no mundo dos fenômenos.

Toda a especulação aritmética, geométrica, musical e astronômica dos pitagóricos deriva desses pressupostos. Se, para eles, a Realidade era matemática em seus estratos mais profundos, isso ocorria porque as formas matemáticas constituem padrões arquetípicos por meio dos quais a Divindade se manifesta nos entes e fenômenos do mundo. Números e figuras geométricas não eram, para os pitagóricos, criações humanas, decorrentes de abstrações realizadas pela inteligência a partir da observação da realidade material, mas essências eternas, que precedem e modelam essa mesma realidade.

Daí o caráter fortemente qualitativo e simbólico da ciência pitagórica. De seu ponto de vista, as diferenças entre o número três e o número quatro ou entre o triângulo e o quadrado, por exemplo, não se restringem a uma simples questão de quantidade. Cada número ou figura geométrica expressa uma qualidade essencial inconfundível. As distintas qualidades, por outro lado, são, todas elas, modos de manifestação da Unidade Primordial, que não é outra coisa senão a própria Divindade. É a percepção dessa "unidade na multiplicidade" que constitui o núcleo da noção de harmonia.

Na própria Grécia, em escolas filosóficas como a de Platão (427-347 a.C.) e Aristóteles (384-323 a.C.), iniciou-se a separação entre a especulação intelectual e outras atividades humanas. Essa separação foi "legitimada", durante a Idade Moderna, pelo sistema filosófico do francês René Descartes (1596-1650), que estabelece uma distinção radical entre a alma e o corpo. E chegou ao completo divórcio no mundo contemporâneo, onde encontramos a figura do intelectual egocêntrico, confinado no estreito mundo da razão, e completamente alienado das mensagens do corpo, da dinâmica das emoções, dos imperativos éticos e das intuições espirituais.

Essa dissociação entre a mente e o corpo, entre o esforço cognitivo e a conduta moral, entre a atividade científica e a contemplação mística está ausente na tradição pitagórica, ao menos em seu primeiro século de existência. Durante esse período inicial, que se estende do final do século VI ao início do século IV a.C., a fraternidade pitagórica se parece muito menos com a imagem que temos atualmente de uma escola filosófica do que com as comunidades iogues da Índia. Como nos *ashrams* (eremitérios) indianos, a vida cotidiana dos pitagóricos era regida por rigorosas regras de alimentação, vestuário, comportamento sexual e conduta moral.

Exigia-se dos adeptos que não comessem carnes nem feijões, usassem roupas brancas e não vestissem trajes de lã, se abstivessem de práticas sexuais promíscuas, fossem humildes, leais e piedosos. A iniciação na Fraternidade era marcada por um longo período de silêncio e o integrante devia manter o mais estrito segredo acerca de ensinamentos esotéricos (destinados apenas aos iniciados) da Tradição. Além da filosofia e da contemplação de determinados símbolos matemáticos, como a *Tetraktys*, a música também era considerada um meio de purificação da alma, e é bastante provável que, à semelhança dos iogues indianos, os pitagóricos se utilizassem de certas práticas corporais e exercícios respiratórios como veículos para a elevação espiritual.

O sistema econômico da fraternidade correspondia àquilo que Marx e Engels chamaram de "comunismo primitivo", não havendo propriedade privada dos meios de produção nem diferença de classe social entre seus membros. Contrastando com as características patriarcais e até misóginas da sociedade grega, as mulheres eram admitidas e desfrutavam de alta consideração no interior da comunidade.

Um elemento-chave da tradição pitagórica, que modelou profundamente suas concepções e práticas, era a crença na transmigração da alma. Mediante sucessivas encarnações, a alma teria a oportunidade do aperfeiçoamento, podendo eventualmente libertar-se desse ciclo e alcançar a almejada união com a Divindade. Todas as disciplinas ascéticas dos pitagóricos – e se incluem em tal classificação as especulações científicas, orientadas pela concepção de harmonia cósmica – tinham

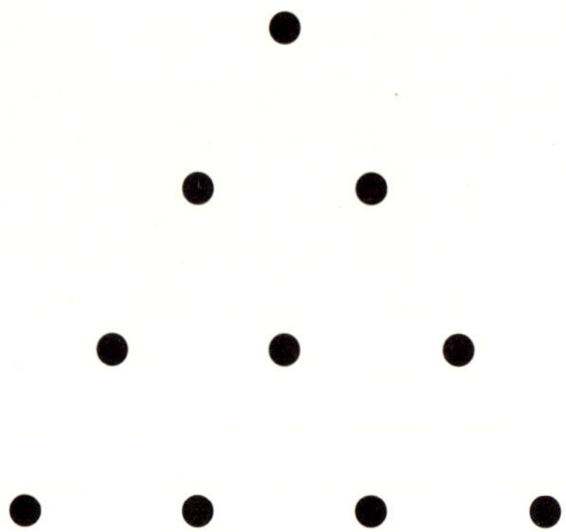

Diagrama pitagórico: a *Tetraktys*

A *Tetraktys*, cujo formato triangular lembra o *Yantra* de Shiva, era o mais importante diagrama da Fraternidade Pitagórica. Seus pontos podem ser agrupados em quatro fileiras: a primeira, com um ponto, representa o número 1 e o ponto geométrico (zero-dimensional); a segunda, com dois pontos, o número 2 e a linha geométrica (unidimensional); a terceira, com três pontos, o número 3 e o plano geométrico (bidimensional); a quarta, com quatro pontos, o número 4 e o espaço geométrico (tridimensional). O conjunto de pontos forma o número 10, ao qual os pitagóricos atribuíam profundo significado místico. Sua prece à *Tetraktys* expressa isso de modo eloqüente: "Abençoe-nos, divino número, tu que geraste os deuses e os homens! Ó santa, santa *Tetraktys*, tu que conténs a raiz e a fonte eternamente fluente da criação! O divino número começa com a profunda, a pura Unidade, até chegar ao sagrado Quatro. Então, ele se torna a mãe de tudo, o onienvolvente, o primogênito, o nunca-desviante, o nunca-fatigante sagrado Dez, o sustentáculo de tudo o que existe".

por meta essa progressão espiritual. Da transmigração da alma deduziram os pitagóricos a doutrina do parentesco de todos os seres, o que justificava, ao lado de outros motivos, sua interdição do consumo de carne e do uso de roupas de lã. O próprio Pitágoras afirmava lembrar-se de suas encarnações passadas, em uma das quais, diz a tradição, teria sido Eufórbio, ferido no peito durante a guerra de Tróia.

Possuímos poucos conhecimentos seguros acerca da biografia de Pitágoras, tão poucos que alguns historiadores chegaram a afirmar que ele jamais teria existido. Mas tal suposição foi descartada pela historiografia contemporânea. Pitágoras teria nascido na ilha de Samos, na Grécia, naquele extraordinário século VI a.C. que, segundo as datas fixadas por diferentes tradições, deu ao mundo alguns luminares do caminho espiritual: Zaratustra na Pérsia, Buda e Mahavira na Índia, Lao Tsé e Confúcio na China. Por volta do ano 525 a.C., transferiu-se para Crotona, na Magna Grécia (sul da Itália), lá estabelecendo sua comunidade. São-lhe atribuídas várias viagens, até mesmo à Pérsia, onde – acredita-se – encontrou Zaratustra. Entre os numerosos poderes paranormais creditados a Pitágoras, estava o da clariaudiência, capacidade de ouvir vozes e sons musicais originários do "mundo espiritual", inaudíveis para a percepção comum.

Nas descrições acumuladas ao longo das gerações pela Fraternidade, a figura de Pitágoras, intimamente associada à do deus Apolo, adquiriu traços semelhantes ao dos *avatares* (encarnações divinas) da Índia. Entre os elementos constitutivos da doutrina pitagórica, os estudiosos identificaram vestígios do xamanismo e, mais ainda, do orfismo (religião de caráter iniciático, decorrente de um desenvolvimento acentuadamente apolíneo do culto de Dioniso).

Do repertório do orfismo, teriam os pitagóricos recolhido algumas de suas principais concepções e práticas: a transmigração da alma, a possibilidade de evolução espiritual e união com o Divino, a iniciação rigorosa, o segredo em relação aos ensinamentos esotéricos, o vegetarianismo, a prescrição do uso de roupas brancas, a proscrição dos trajes de lã, a utilização da música com finalidades ascéticas. Praticamente todos esses elementos são encontrados também em tradições espirituais indianas do mesmo período, como o jainismo, codificado por Mahavira.

Durante o século V a.C., o pitagorismo disseminou-se por várias cidades do sul da Itália. Sua crescente influência política acabou provocando uma violenta reação popular, provavelmente instigada por chefes demagogos, ameaçados em seus interesses econômicos e políticos pelos elevados valores morais da Fraternidade. Entre os poucos líderes pitagóricos que escaparam ao massacre, estava Filolau de Crotona, que fugiu para a Grécia, lá formando pequenos círculos de adeptos, a partir dos quais o pitagorismo voltou a crescer.

O dom da clariaudiência, atribuído a Pitágoras, teria sido partilhado por vários de seus sucessores, de modo que, conforme a tradição pitagórica, grande parte dos conhecimentos da Escola foi adquirida mediante tais comunicações sonoras (acusmas). A coexistência pacífica entre a via acusmática (mística) e a via matemática (racional) de acesso ao saber perdurou até o início do século IV, quando a diferenciação entre as duas tendências provocou uma cisão na Fraternidade. A partir daí, o pitagorismo matemático foi quase todo absorvido pelo platonismo.

Um movimento neopitagórico teve início em meados do século I, sob a liderança de Apolônio de Tiana, que afirmava ser uma reencarnação do próprio Pitágoras. Desse novo surto de atividade, resultaria o surgimento, no século III, da Escola Neoplatônica. Muito mais do que o platonismo clássico, foram os neoplatônicos (Plotino, Iâmblicos, Proclo e outros) que resgataram, junto com as contribuições filosóficas e científicas, a dimensão mística do pitagorismo original.

Ao longo dos séculos seguintes, a transmissão e o desenvolvimento desses conhecimentos foram assegurados pelos sufis, os grandes místicos muçulmanos. Pelas mãos dos sufis, o pitagorismo e o neoplatonismo impregnaram as culturas islâmica, judaica e cristã medievais, influenciando profundamente a filosofia, as ciências e as artes. A conseqüência remota desse formidável esforço civilizatório foi chamada "Revolução

Científica do Século XVII", na qual se constituiu a ciência moderna.

Em um protagonista da revolução científica como o astrônomo alemão Johannes Kepler (1571-1630), está ainda bem viva a consciência da ancestralidade pitagórica: suas geniais descobertas acerca do movimento planetário derivam de uma especulação mística sobre a estrutura matemática do Cosmo. Essa consciência, porém, se perdeu na aridez espiritual instaurada pelo paradigma científico moderno. Do pitagorismo, a modernidade reteve apenas a tendência matematizante e as grandes descobertas científicas, despojadas da perspectiva metafísica que lhes dava unidade e sentido. Três séculos depois, a crise do paradigma moderno abre caminho para o reencontro da ciência com suas preciosas raízes espirituais.

5

A síntese neoplatônica e a Grande Corrente do Ser

A extraordinária síntese entre contemplação mística e reflexão racional realizada por Pitágoras e seus discípulos não se perdeu com a dissolução da Fraternidade Pitagórica. A partir do século III, ela foi recolhida e elevada a um nível superior de elaboração pelos filósofos que hoje chamamos de neoplatônicos. Desenvolvido por Plotino e seguidores, o neoplatonismo não é uma escola filosófica entre outras, mas a forma final da filosofia grega, que floresceu até a segunda metade do século VI, coroou a cultura pagã e inspirou profundamente o pensamento ocidental, durante a Idade Média, o Renascimento e mesmo em épocas posteriores. No sistema neoplatônico, a *Sophia Perennis* (Sabedoria Perene) encontrou uma forma privilegiada de expressão e seu modelo de realidade ainda pode oferecer alternativas preciosas diante da crise do paradigma moderno.

Múltiplas influências convergem na visão de mundo neoplatônica. Do mundo grego, os neoplatônicos herdaram o viés ascético, contemplativo e místico do pitagorismo original; as especulações dos filósofos da Academia, fundada por Platão em 387 a.C.; a forma categorial-sistemática do pensamento aristotélico; a ética dos estóicos. Do mundo oriental, receberam numerosas idéias e práticas egípcias, mesopotâmicas, persas e indianas. E, embora a imaginação exacerbada do gnosticismo repugnasse Plotino, os neoplatônicos seguiram os gnósticos na valorização da intuição como via de acesso ao conhecimento. Mas, acima de tudo, a visão de mundo neoplatônica resulta de experiências introspectivas dos próprios filósofos da escola, como os numerosos êxtases místicos atribuídos a Plotino.

A principal fonte de informação sobre a vida de Plotino é uma breve biografia, escrita por seu principal discípulo, Porfírio. Ele teria nascido em Licópolis, no Egito greco-romano, em 205. Aos 28 anos, um impulso interior levou-o a estudar filosofia e procurou, para isso, os melhores professores de Alexandria – então o mais importante centro cultural do planeta. Mas o pedantismo da filosofia alexandrina da época frustrou suas expectativas e o levou a um estado de completa depressão. Foi nesse momento crítico da existência que um colega o encaminhou a Amônio, um dos personagens mais misteriosos da história da filosofia. "Este era o homem que eu estava procurando", disse Plotino ao encontrar o mestre. E passou onze anos no discipulado de Amônio, que foi também o professor de Orígenes, o primeiro grande filósofo cristão.

Para conhecer em primeira mão as filosofias orientais, Plotino acompanhou a expedição militar comandada pelo imperador romano Gordiano III contra os persas. Mas Gordiano foi assassinado por seus próprios soldados na Mesopotâmia, e Plotino por pouco não pereceu, fugindo, com dificuldades, para Antioquia, na Síria. Aos quarenta anos, estabeleceu-se finalmente em Roma, reunindo à sua volta um amplo círculo de discípulos que incluía a nata da intelectualidade e da aristocracia romanas, até vários membros da família imperial. Suas relações privilegiadas com o imperador Galieno o levaram a propor, sem sucesso, a criação de Platonópolis, uma cidade baseada no ideal político de Platão.

Homem de hábitos austeros e extraordinário prestígio pessoal, Plotino foi chamado a arbitrar diversas disputas entre cidadãos notáveis e tornou-se tutor de vários órfãos da aristocracia romana. Seus contemporâneos atribuíram-lhe numerosas experiências sobrenaturais, como aquela vivenciada no templo de Isis, em Roma, quando, ao conjurar seu "anjo da guarda", em vez de um simples anjo, recebeu a visita de um deus. Seus últimos anos foram marcados por uma doença deformadora, talvez a lepra, que o levou a dispensar os discípulos e refugiar-se em sua casa de campo, na Campanha, Itália. Lá morreu, em 270, nos braços de seu médico e discípulo Eustóquio. Suas últimas palavras: "Tente unir o deus que há em você com o Divino que existe em tudo".

O modelo de Realidade proposto por Plotino é uma das mais belas criações da inteligência humana e reverberou não apenas na mente de seus contemporâneos e seguidores próximos, mas também na de filósofos e cientistas que viveram muitos séculos depois. Como os grandes iogues indianos, ele sustentava que todos os entes e fenômenos são manifestações de um único Ser, que se desdobra em uma hierarquia de níveis. O mundo material, perceptível aos sentidos, que muitos consideram o único existente, seria apenas a última e mais tênue emanação dessa fonte primordial.

Tal Fonte é um princípio absoluto que transcende tudo o que podemos perceber, imaginar ou conceber. Por não ter limitações, divisões, atributos ou qualificações, esse princípio não pode sequer ser nomeado. Mas a palavra Uno (*En*) é utilizada para designar sua completa simplicidade. Para Plotino, o Uno é também o Bem, por ser a fonte de toda perfeição. Seu seguidor Iâmblicos, porém, estabeleceu uma diferenciação entre os dois conceitos e submeteu o Bem ao Uno. O Uno não é um objeto, uma coisa determinada, limitada, separada. Por isso, nenhum predicado pode ser atribuído a ele. O homem não pode alcançá-lo por meio dos sentidos, da imaginação ou do pensamento. Mas apenas experimentá-lo diretamente, nos mais altos estágios do êxtase místico.

Por emanação, o Uno produz todos os entes do mundo. O ente emanado não é um "outro", uma criatura apartada de seu criador, porém um desdobramento do próprio Uno – uma manifestação de sua realidade imanifesta, uma explicitação de sua natureza implícita, uma atualização de suas potências latentes. Do grão de areia aos Himalaias, do frágil musgo à Floresta Amazônica, do diminuto ácaro aos enormes cardumes, do elétron às bilhões de galáxias do universo material, cada ente compartilha a divindade do Ser.

O ente emanado ancora-se em seu próprio modo de existência quando faz estancar o impulso emanante, ao voltar a face à Fonte original, em um desejo amoroso de retorno. O processo todo é regido, portanto, por duas tendências contraditórias: a emanação (*pródos*) e o anseio de retorno (*epistrophé*). Por meio delas, constitui-se aquilo que a Sabedoria Perene chama de "Grande Corrente do Ser", a hierarquia de níveis de manifestação (*hypóstasis*) que compõe a Realidade.

Nessa grande corrente, que também pode ser comparada a uma escada, cada ente é uma pálida expressão de outro, situado um degrau acima. E o processo emanante em seu conjunto comporta uma ilusória, porém progressiva, perda de unidade. À medida que se desce na escada do Ser, aumenta a ilusão de separação, até se chegar à individualização atômica (e até mesmo subatômica) do mundo físico.

Para explicar essa passagem da unidade à multiplicidade, Plotino recorreu à metáfora da luz. Assim como a luz, sem deixar de ser luz, decai em intensidade à medida que se afasta da fonte luminosa, também a emanação do Uno teria constituído, sucessivamente, camadas cada vez mais esmaecidas de realidade. A primeira camada é o Espírito, sede das idéias universais, consideradas as causas primeiras dos entes. A camada seguinte é a Alma do Mundo, que penetra, vivifica, ordena e governa todo universo material, derivando dela as almas individuais. A última camada é a Matéria. Se o Uno é identificado com a origem ofuscante de toda luz, a Matéria se associa ao derradeiro lampejo luminoso, já no limite das trevas. Dos sutilíssimos estratos espirituais à mais densa materialidade, a Realidade apresenta-se como um todo unitário, porém hierarquicamente estruturado: a Grande Corrente do Ser, ao mesmo tempo única, mas constituída por diversos elos.

Apesar de ontologicamente distintos, os diferentes níveis do Ser apresentam-se intimamente entrelaçados em tudo e em todas as coisas. Ascender, por meio da Alma, ao Espírito e, daí, ao Uno não é viajar no espaço-tempo, mas despertar, aqui e agora, para estados superiores de consciência.

O Espírito (*Nous*) é o mundo das idéias, no sentido platônico da palavra. Essas idéias não são meros objetos do pensamento, mas sujeitos vivos e conscientes, que constituem os arquétipos ou causas das realidades menos perfeitas dos níveis inferiores. A Alma (*Psychê*) é a instância intermediária entre o Espírito e a Matéria. Sua característica é o movimento, do qual todos os demais movimentos decorrem. Plotino chama de "Natureza" a parte inferior da Alma. Ela atua no mundo material como um princípio imanente de vida e crescimento, condicionando a forma dos corpos. Abaixo dela está a quase escuridão da Matéria (*Physis*). É o limite final da emanação que, por sua negatividade (carência de luz, carência de Ser), constitui o princípio do mal.

Embora o sistema neoplatônico seja rigorosamente monista, essa maneira negativa de encarar a matéria, herdada da filosofia de Platão, lhe confere um sabor dualista, que será exagerado, mais tarde, no contexto do cristianismo. A visão profundamente unitária do antigo shivaísmo, com sua aceitação ativa do mundo material e do corpo, foi marginalizada pelo pensamento grego e, mais ainda, pelo pensamento cristão, com repercussões infelizes até os dias de hoje. Como atenuante, deve-se dizer que Plotino sublinha a beleza e a bondade do mundo material. Mesmo imperfeita, sua organicidade seria o melhor reflexo possível da unidade que caracteriza o Espírito.

Para Plotino, o homem pode identificar-se com qualquer nível da Grande Corrente do Ser. A prática da filosofia o levaria a desapegar-se da tirania dos sentidos para, mediante um grande esforço, ascender aos níveis superiores da Realidade. Muito além da mera especulação racional, a filosofia seria, portanto, um modo de vida, uma rigorosa disciplina intelectual e moral, e uma forma de ascese espiritual. Sem acolher as idéias religiosas de Graça e Revelação, e com pouco espaço para os ritos, o neoplatonismo fez da filosofia seu caminho quase exclusivo de retorno a Deus.

A filosofia de Plotino foi desenvolvida por seus seguidores no contexto de uma luta ideológica feroz, e muitas vezes sangrenta, com o cristianismo. Ela representou, por assim dizer, o último e belo suspiro da Antiguidade pagã diante da escalada ruidosa do monoteísmo. E acabou proporcionando ao adversário um sofisticado aparato conceitual com o qual ele nem poderia sonhar em seus primeiros anos de rústica auto-afirmação.

Porfírio (234-305), discípulo devoto, biógrafo e editor das obras de Plotino, caracterizou-se pelo extremo espiritualismo e por uma insistência ainda maior na negação do corpo. Incorporou, porém, a lógica aristotélica, com sua doutrina das categorias, ao sistema neoplatônico. Com ele se inicia a tendência, que será dominante no neoplatonismo tardio, de estruturar o mundo em tríades de conceitos – como, por exemplo, Ser-Vida-Intelecto, compreendidos como fases da autodeterminação da Realidade.

Iâmblicos (250-330), principal representante da chamada escola síria, profundamente influenciada pelas tradições místicas orientais, multiplicou os elos ou as hipóstases da Grande Corrente do Ser, incorporando ao esquema geral os deuses, demônios e demais entes espirituais das religiões populares e dos cultos de mistério.

Ele estava convencido de que a maneira como a mente opera corresponde, de modo tão exato, à estrutura da Realidade que existe uma entidade real específica para cada distinção que a mente seja capaz de fazer. Iâmblicos atribuiu ao Uno uma transcendência absoluta, situando-o acima do Bem ou de qualquer outro predicado. Ainda assim, o homem poderia ter acesso ao Uno, pois seu poder unificador se manifestaria, em cada nível da Realidade, por meio das *Henadas*, identificadas com os múltiplos deuses do paganismo. Utilizando, como escada, a *Henada* de sua devoção, o asceta empreenderia o caminho de volta à fonte original.

Proclo (410-485), finalmente, o maior nome do neoplatonismo tardio, buscou construir não apenas um sistema metafísico completo, mas também uma teologia pagã, em oposição ao cristianismo. Suas idéias refinadas influenciaram profundamente alguns dos maiores pensadores cristãos dos primeiros séculos. Entre eles, o místico que ficou conhecido na história da filosofia como Pseudo-Dionísio Areopagita.

6

O crepúsculo do paganismo e a ciência alexandrina

Os velhos manuais de história, que amavam dividir a trajetória humana em períodos estanques, elegeram o ano 476 como marco divisório entre a Antiguidade e a Idade Média. Diante da invasão germânica, caiu naquele ano Rômulo Augusto, o último imperador romano do Ocidente. Reconhecemos hoje a ingenuidade desse modo de periodização. A dissolução do mundo antigo se arrastou por um longo intervalo de tempo que precedeu e sucedeu em séculos a chamada "Queda de Roma". Isso vale para a formação econômico-social e as instituições políticas, e, mais ainda, para a atividade cultural.

Do ponto de vista da filosofia e das ciências, se tivéssemos que cometer o equívoco de escolher uma data precisa, ela certamente não incidiria em 476, mas quase um século mais tarde, em 529. Nesse ano, por determinação do imperador cristão Justiniano, foi fechada a Academia de Atenas, fundada por Platão em 387 a.C. Após quase mil anos de atuação ininterrupta, essa grande instituição do pensamento antigo deixou de existir, e seus maiores sábios tiveram de emigrar para a Pérsia. Com a extinção forçada da escola neoplatônica, completou-se a longa trajetória da filosofia pagã ocidental, cujas raízes, já vimos, remontam à pré-história. Mas tal desfecho é apenas formal, pois as idéias neoplatônicas continuaram reverberando ao longo dos séculos. Recolhido, reelaborado e retransmitido pelos místicos judeus, cristãos e muçulmanos, esse precioso legado alcançou e fertilizou as grandes tradições do monoteísmo semítico, servindo de base para a filosofia medieval.

Antes do surto aristotélico do século XIII, todo o pensamento ocidental – judaico, cristão ou islâmico – moveu-se, em certa medida, sobre o terreno previamente trabalhado pelo neoplatonismo. Por meio dele, subsistiu uma das linhas de transmissão que conectaram a Idade Média à mais remota Antiguidade. Por baixo da pálida epiderme do filósofo neoplatônico, podemos vislumbrar o semblante escuro do iogue shivaísta. “Vislumbrar” é a palavra certa, porque a inteireza dos *siddhas* shivaístas – e, antes deles, dos xamãs ancestrais – já havia sido deixada para trás, séculos antes do advento do neoplatonismo. Por mais que tenha procurado construir uma visão de mundo unitária e por mais bem-sucedido que tenha sido nessa empreitada, Plotino não deixou de ser um herdeiro de Platão. E, como tal, não conseguiu transcender completamente o dualismo platônico, com sua aversão pelo corpo físico e o mundo material.

Na própria Índia, uma negação semelhante do corpo e da matéria incrustou-se em tradições religiosas como o budismo e o jainismo. Ela seria exacerbada no contexto das grandes religiões monoteístas semíticas – judaísmo, cristianismo e islamismo. Essa não foi, infelizmente, a única perda ocorrida na dramática transição do politeísmo para o monoteísmo.

Apenas em uma abordagem muito superficial o politeísmo pode ser interpretado como o culto ingênuo de uma multidão desconexa de deuses. Sábios profundos, como o indiano Shankaracharya (século IX), perceberam que, sob a forma de cada divindade particular, se manifesta um dos aspectos do Ser único. Como afirmou o célebre orientalista contemporâneo Titus Burckhardt, os múltiplos deuses do politeísmo são como máscaras que ocultam mas também dão a conhecer a face unitária de Deus.

Em si mesma, a simplicidade dessa Face está além de qualquer compreensão e o poder unificador que dela emana poderia consumir em um instante toda a existência individual. Contemplá-la diretamente é uma árdua conquista dos iogues mais evoluídos e uma empreitada fatal para o homem comum. As múltiplas máscaras divinas permitem-nos suportar essa Terrível Presença, como filtros que atenuam o brilho ofuscante do Sol.

A conseqüência social desse enfoque é a harmoniosa convivência de visões diferentes: por mais estranho que "seu" deus me pareça, eu reconheço nele o "meu" deus, pois as múltiplas formas e nomes são apenas véus cambiáveis diante Daquele que é sem forma e inominável. As relações se envenenam quando eu começo a pensar que o "meu" deus é melhor do que o "seu", para logo concluir que o "meu" é o Deus verdadeiro e o "seu", apenas um ídolo. A máscara é confundida então com a Face, o pluralismo cede lugar ao exclusivismo e a visão totalizante sucumbe diante da miopia totalitária. Essa é a grande perversão do fanatismo religioso, cujas conseqüências ainda infelicitam o planeta, fazendo com que os homens se matem em nome da fé e os gritos de vingança profanem o silêncio dos santuários.

Sábios autênticos, que viveram nos contextos de diferentes tradições monoteístas, reconheceram o substrato comum que os unia e souberam aprender uns com os outros, enquanto seus fanáticos contemporâneos se dedicavam a perseguições religiosas e faziam do sangue adversário uma via de acesso ao frenesi. A percepção de que as diferenças formais entre as várias religiões não são mais do que ondas efêmeras no grande oceano da Unidade encontrou expressão magistral nos versos do místico islâmico Muhyiddin ibn Árabi (1165-1240):

Meu coração tornou-se capaz de todas as formas.
É um pasto de gazelas, o convento do cristão,
Um templo para os ídolos, a Caaba do peregrino,
As tábuas da Torá, o texto do Corão.

Sigo a religião do Amor.
Para onde quer que avancem as caravanas do Amor,
Lá é meu credo e minha fé.

Nesse poema maravilhoso, o grande sufi, nascido na Andaluzia muçulmana e chamado por seus seguidores de *Ash-Shaykh al-Akbar*, "o maior dos mestres", não reconheceu apenas a unidade subjacente às três religiões do monoteísmo semítico (o judaísmo, representado pelas "tábuas da Torá"; o cristianismo, pelo "convento"; e o islamismo, pela "Caaba" e o "Corão"), ponto de vista consensual entre os adeptos do sufismo. Deu um passo ainda mais ousado, abrindo os braços para o politeísmo pagão, condensado nas figuras do "templo para os ídolos" (que remete às religiões indianas) e do "pasto de gazelas" (espaço sagrado de devoção à Grande Deusa, cultuada desde a pré-história em todo o mundo mediterrâneo).

Para as civilizações construídas sob a égide do monoteísmo, a multifacetada herança desse passado pagão não se sintetizou apenas no sistema filosófico neoplatônico mas também na ciência alexandrina, que condensa, em certa medida, as maiores aquisições cognitivas da Antiguidade. Alexandria manteve o *status* de capital do Egito durante quase mil anos – desde que foi fundada pelo macedônio Alexandre, o Grande, em 332 a.C., até cair sob domínio árabe, em 642. Ao longo desse dilatado intervalo de tempo, ela galgou também o posto de principal centro cultural do planeta. Em seus círculos intelectuais, brilharam matemáticos como Euclides e Eratóstenes, astrônomos como Hiparco e Ptolomeu, físicos como Arquimedes e Heron, filósofos como Orígenes e Plotino. A obra desses sábios continuou influenciando a cultura humana quase mil anos depois de Alexandria ter entrado em declínio, no século VII.

Sem cairmos na armadilha do determinismo geográfico, não podemos subestimar a importância que a localização da cidade teve para seu destino histórico. Situada na confluência entre o Mediterrâneo e o delta do Nilo, Alexandria tinha a suas costas o Egito milenar; à sua frente, do outro lado do mar, a Ásia Menor, impregnada de valores gregos; a ocidente, as ricas colônias fenícias helenizadas do norte da África; e, a oriente, a Síria, a Mesopotâmia, a Pérsia e a Índia, uma sucessão de territórios cujo extraordinário patrimônio havia sido integrado ao mundo helênico pelas conquistas de Alexandre. Ponto de interseção de importantes rotas comerciais, a cidade transformou-se também no desaguadouro de múltiplos influxos culturais, vindo a constituir, em pouco tempo, a mais perfeita expressão da civilização helenística, nascida da fusão das tradições gregas e orientais.

A importância da cultura helenística já foi subestimada por historiadores e filósofos que lhe imputaram um caráter decadente e até aberrante, em confronto com a suposta vitalidade e equilíbrio da civilização grega do período clássico. Com base nos mesmos critérios, esses pensadores repudiaram os traços convulsivos da arte maneirista, diante da pretensa sobriedade do Renascimento. Tal visão está hoje completamente ultrapassada. A pesquisa histórica vem desmentindo, cada vez mais, essa divisão idealizada da história da cultura, que intercala saudáveis e moderados períodos de apogeu e doentias e descabeladas etapas de decadência.

Muito próxima ainda de suas raízes orientais e bárbaras, a Grécia clássica foi bem menos clássica do que desejaram aqueles pensadores. Sabemos hoje que o Partenon, o grande monumento do "bom gosto" clássico, foi, em sua época, pintado de cores berrantes. A filosofia, a ciência e a arte helenísticas, por seu lado, não foram cópias malfeitas ou meras diluições das obras clássicas, mas realizações extremamente criativas e originais que devem sua força vital ao sincretismo e à miscigenação.

O centro nervoso dessa intensa atividade intelectual foi o Mouseion, criado por Ptolomeu I, ex-general de Alexandre e fundador da dinastia ptolomaica, que governou o Egito de 323 a 30 a.C. Dessa grande instituição pública, dedicada ao ensino superior e à pesquisa, faziam parte um observatório astronômico, um jardim botânico, um jardim zoológico e a famosa biblioteca que, em meados do século I a.C., quando Alexandria atingiu seu apogeu, deve ter reunido cerca de 700 mil volumes – um acervo só suplantado pelas maiores bibliotecas da atualidade. Aí se acumulava todo o conhecimento produzido ao longo de séculos na vasta porção do mundo conhecida pelos gregos.

Quando chegou a Alexandria por volta do ano 300 a.C., ainda durante o reinado de Ptolomeu I, Euclides, o maior matemático da Antiguidade, encontrou no Mouseion condições perfeitas para trabalhar. Lá ele pôde estudar as obras antigas e, com base nelas, redigir seu monumental tratado *Elementos*, uma suma coerente e sistemática dos conhecimentos matemáticos gregos. A forma de exposição adotada por Euclides – baseada em um número mínimo de pressupostos (axiomas), a partir dos quais eram deduzidas, por meio de raciocínios lógicos rigorosos, as demais proposições (teoremas) – seria o padrão não apenas dos textos matemáticos, mas de toda a literatura científica nos 2 mil anos que se seguiram.

Apolodoro, Apolônio, Arquimedes, Cônon, Demétrio, Eratóstenes, Filon, Heron, Hiparco, Hipatia, João Filoponos, Ktesibios, Menelau, Pappus, Plotino, Ptolomeu, Sosígenes, Theon são outros nomes que relacionamos em bizarra ordem alfabética para ilustrar a grandeza da cultura alexandrina. Todos eles legaram à posteridade contribuições superlativas em vários campos do conhecimento.

A notável medição do raio da Terra por Eratóstenes (275-194 a.C.), que também estimou distâncias da Terra à Lua e da Terra ao Sol, foi uma delas. Para determinar o raio, o matemático enviou um emissário a pé, de Alexandria até uma cidade próxima, localizada precisamente ao Sul, sobre o mesmo meridiano terrestre. Contando cada passo, o emissário informou ao sábio a distância exata entre as duas localidades. Eratóstenes mediu, então, em dias e horas iguais do ano, os tamanhos das sombras projetadas nas duas cidades por um *gnomon*, instrumento em forma de coluna de uso corrente entre os astrônomos. Pela diferença de tamanho das sombras, definiu o ângulo formado pelas linhas que uniam o centro da Terra a cada uma das localidades. Juntando esse dado à distância previamente medida, calculou o comprimento da circunferência formada pelo meridiano terrestre. Daí chegou com facilidade ao raio. Com sua engenhosa simplicidade, essa medição é considerada uma das maiores realizações da ciência antiga.

O cinema norte-americano associou a idéia de martírio à imagem de cristãos sendo devorados por feras no Coliseu romano. Nem sempre foi assim, porém. Em Alexandria, no século V, os cristãos passaram de mártires a martirizadores. O episódio ocorreu no ano 415 e a vítima foi a filósofa, matemática e astrônoma Hipatia, uma das mais ilustres representantes da escola neoplatônica.

Nascida provavelmente em 370 e filha do matemático Theon, Hipatia foi uma das últimas grandes sábias que trabalharam na Biblioteca, onde lecionou as filosofias de Pitágoras, Platão e Aristóteles. Segundo seus biógrafos, escreveu três tratados matemáticos e astronômicos, que não se conservaram. Prova da flexibilidade de suas lições é o fato de um de seus discípulos, Sinésio, ter-se convertido ao cristianismo, sendo nomeado bispo de Ptolomais. Depois da morte da mestra, Sinésio redigiu a seu respeito uma emocionada memória.

Hipatia era amiga do prefeito de Alexandria, Orestes, e foi acusada de conspirar junto a este contra o bispo cristão Cirilo, intolerante perseguidor dos pagãos, que antecipava em séculos o sombrio comportamento da Inquisição. Em um dos muitos motins cristãos que conturbaram a vida urbana daquela época, Hipatia foi cercada por uma multidão de fanáticos, liderados por monges que seguiam as ordens de Cirilo. Arrancada à força de sua carruagem, a filósofa foi despida e apedrejada até a morte. Seu martírio foi um dos dramáticos estertores da longa agonia do paganismo. E, atravessando a blindagem dos séculos, ainda hoje nos emociona.

7

Da mística monoteísta à germinação do método científico

Com a filosofia neoplatônica e a ciência alexandrina, a Antiguidade pagã exalou seu último suspiro. Um suspiro profundo e prolongado, à altura do vigor de seu alento. Seu exuberante legado espiritual e científico foi salvo da barbárie que se seguiu à desagregação do Império Romano e transmitido à Europa medieval graças ao empenho dos místicos das três religiões monoteístas que reivindicavam o patriarca bíblico Abraão como ancestral comum. Cabalistas judeus, contemplativos cristãos e sufis muçulmanos recolheram, preservaram e reelaboraram a cultura antiga, reinterpretando a partir dela os conteúdos religiosos de suas respectivas tradições. Já se apontou a profunda conexão entre o *shaiva siddhanta* indiano, o taoísmo chinês, a *kabbalah* (*qabalah* ou cabala) judaica, a alquimia cristã e o sufismo islâmico. Mencionou-se também como sua atitude favorável em relação ao mundo material suscitou contribuições decisivas ao desenvolvimento das ciências.

No caso da *kabbalah*, da alquimia e do sufismo, o inter-relacionamento foi ainda mais estreito, devido à origem comum das três religiões nas quais essas tradições esotéricas se aninharam. Tão íntimo parentesco inspirou, inclusive, uma lenda instigante. Diz o relato que Abraão era possuidor de uma sabedoria secreta. E dividiu tal conhecimento em duas porções equivalentes. Uma parte ele deu a Ismael, filho de seu relacionamento com a escrava Agar e patriarca dos árabes. A outra, entregou a Isaac, filho de seu casamento com a esposa Sara e patriarca dos judeus. Da primeira metade surgiu a alquimia, que os muçulmanos desenvolveram e depois ensinaram aos cristãos. Da segunda originou-se a *kabbalah*, cultivada desde então pelos judeus.

A história termina nesse ponto, justificando a irmandade existente entre a *kabbalah* e a alquimia. Mas, mantendo a atmosfera de fábula, poderíamos levá-la adiante, indagando se a sabedoria secreta possuída por Abraão não seria o próprio *shaiva siddhanta* ou algo muito próximo. A especulação é menos extravagante do que parece. Afinal, apesar de se moverem com desembaraço em um contexto religioso que cultua milhares de deuses e deusas, os *siddhas* jamais perderam de vista que essas múltiplas formas divinas constituem manifestações ou projeções da Divindade Única. Idéias, símbolos e práticas características do *shaiva siddhanta* também estão presentes, sob roupagens culturais específicas, nos repertórios da *kabbalah* e da alquimia. Além disso, a cidade de Ur, na Mesopotâmia, onde, segundo a Bíblia, nasceu Abraão, sofreu comprovada influência cultural das civilizações de Mohenjo-Daro e Harappa, no Vale do Indo, grandes núcleos da cultura shivaísta.

Antes que os sedimentos dos rios Eufrates e Tigre aterrassem parte do Golfo Pérsico, Ur era uma cidade marítima e principal porto de entrada das mercadorias indianas, que de lá seguiam por terra para a Alta Mesopotâmia, a Síria, a Palestina e o Egito – exatamente a trajetória que o texto bíblico atribui à migração do patriarca! Escavações realizadas em Ur já trouxeram à luz sinetes e outros objetos provenientes do Vale do Indo. E a cidade talvez fosse mais do que um simples ponto de passagem, pois o idioma sumério nela falado faz parte do ramo dravidiano, ao qual também pertence a língua tâmil, até hoje viva no Sul da Índia. Mohenjo-Daro, Harappa e os demais núcleos urbanos do Vale do Indo encerraram seu longo e brilhante ciclo histórico por volta do ano 1800 a.C. A data situa-se dentro dos limites cronológicos da suposta viagem de Abraão e coincide com seu momento mais provável. Não seria a jornada abraâmica uma conseqüência daquele colapso civilizatório?

As afinidades entre a *kabbalah* e o *shaiva siddhanta* são tão evidentes que inspiraram muitos cabalistas a complementar a lenda sobre o legado espiritual de Abraão. Apoiando-se no texto da Torá, eles recordam que, além de Ismael e Isaac, o grande patriarca teve vários filhos com suas concubinas. E que também estes receberam sua parte na herança paterna, sendo em seguida enviados ao Oriente. Tal designação, dizem nossos cabalistas, corresponderia ao território da Índia, para onde os filhos de Abraão levaram a porção de sabedoria que resultou no shivaísmo. Essa especulação inverte o sentido da linha de transmissão, fazendo a alta espiritualidade indiana derivar da tradição abraâmica – e não o contrário. Mas tal divergência é de menor importância, diante da convergência maior em se atribuir aos dois corpos tradicionais uma origem comum.

O tema é fascinante. Qualquer que seja o sentido da transmissão – de Leste para Oeste ou de Oeste para Leste –, o simples fato de que ela possa ter existido nos leva a enxergar as principais tradições espirituais da humanidade com olhos completamente novos, vislumbrando, sob a superfície enganosa de suas diferenças, um substrato unitário. A comprovação dessa hipótese demandará ainda muito trabalho de arqueólogos, lingüistas, estudiosos de religiões comparadas e outros especialistas. Porém, as perspectivas são animadoras. Sem poder acrescentar novos elementos, deixemos o assunto no ar. E, avançando mais de 2500 anos na história, retornemos à transição da Antiguidade para a Idade Média.

A continuidade cultural e as principais contribuições científicas do período foram proporcionadas pela emergente civilização islâmica. Não por acaso, seus maiores sábios eram membros de confrarias sufis. O que distingue essa venerável linhagem mística? Disse o Profeta Muhammad (571-632) que cada versículo do Corão, o livro sagrado dos muçulmanos, possui 18 mil camadas de significados. Como ocorre em outras religiões, a maioria dos fiéis satisfaz-se com os significados mais evidentes, que ajudam a aperfeiçoar sua conduta e aplacam sua sede do Absoluto. Mas sempre existem aqueles que querem mais e procuram ultrapassar a superfície do texto para atingir suas profundezas ocultas. Esses mergulhadores temerários arriscam-se a ir cada vez mais fundo, em busca de maravilhas que só o abismo possui. São eles os sufis.

De acordo com alguns estudiosos, a existência de sua tradição tornou-se pela primeira vez explícita durante um incidente ocorrido na vida do Profeta. Muhammad transmitia o versículo do Corão que diz "Deus é aquele que criou os sete céus", quando subitamente sua consciência se expandiu e um sentido oculto da frase lhe foi desvelado. O Profeta silenciou e guardou segredo sobre o que acabara de receber. Mais tarde, sem conseguir conter a curiosidade, os ouvintes interrogaram um de seus discípulos mais íntimos a respeito. Este respondeu: "Se eu lhes dissesse, vocês me matariam a pedradas". Nesse momento, tornou-se claro que, assim como outras religiões, o islamismo possuía uma dimensão esotérica, que só algumas pessoas estavam preparadas para compreender. Esses poucos, que ficaram conhecidos como os "Companheiros do Profeta", teriam sido os primeiros sufis.

Sua fonte primária de inspiração foi, evidentemente, o próprio Corão, que os muçulmanos afirmam conter a palavra de Deus, comunicada a Muhammad pelo Arcanjo Gabriel. Mas outras influências se sintetizaram com esse legado original:

- a filosofia grega, especialmente o pitagorismo, o platonismo e o neoplatonismo (os sufis atribuem aos filósofos Platão, Plotino e Iâmblicos o título de *shaykh*, que significa mestre espiritual, e também reivindicam como precursores os sábios da Academia de Atenas que tiveram de migrar para a Pérsia quando o imperador cristão Justiniano fechou a escola, em 529);
- o hermetismo alexandrino, desenvolvido entre os séculos I e IV; a mística cristã dos primeiros tempos, particularmente a obra do autor anônimo do século V conhecido na literatura filosófica como Pseudo-Dionísio Areopagita; e o zoroastrismo persa;
- o *shaiva siddhantha* indiano e o taoísmo chinês.

Especialmente significativa na conexão com a tradição dos *siddhas* é a referência que os sufis fazem ao misterioso Khidr, reverenciado como o "Mestre Oculto" e o "Guia dos Profetas". Descrito como um "Eterno Adolescente" e tendo seu principal santuário na cidade de Kataragama, no Sri Lanka, esse enigmático personagem apresenta numerosas afinidades com as figuras de

Murugan, o filho mitológico de Shiva, e de Babaji, considerado o maior de todos os *siddhas* e muitas vezes apontado como uma encarnação do próprio Murugan.

Porém, os sufis evitam superestimar o papel dessas influências, porque – afirmam – as afinidades entre diferentes escolas místicas decorrem menos da herança que umas recebem das outras do que do contato direto com uma fonte comum de inspiração. E sustentam haver, no plano celestial, um livro arquetípico, conhecido como *Lawh Mahfuz* (Tábua Preservada). Nele, estariam escritos os princípios básicos dos 18 mil universos, suas leis físicas, biológicas, psicológicas e espirituais, de tal forma que não existe semente na escuridão da terra que não tenha ali seu registro. Os diversos livros sagrados seriam distintas projeções do *Lawh Mafuz*, transmitidas aos profetas pelo Arcanjo Gabriel, o anjo das revelações. De seu ponto de vista, não há um único povo que não tenha recebido seu profeta. E cada um deles trouxe a mesma mensagem, adaptada às peculiaridades daquele povo, naquele momento histórico preciso.

Pelas mãos dos sufis, a jovem civilização islâmica integrou em um corpo único toda a sabedoria do mundo antigo, acrescentando-lhe contribuições profundamente originais. O fervor suscitado pela mensagem muhammadiana havia submetido ao Islã uma enorme extensão do planeta – da Península Ibérica às fronteiras da China. Em muitos territórios, os conquistadores árabes repisaram caminhos trilhados, um milênio antes, pelos exércitos de Alexandre, o Grande. Séculos de intensas trocas haviam produzido, nesse Oriente helenizado, um extraordinário amálgama cultural, trabalhado e retrabalhado por sucessivas gerações. Nele se interpenetraram e combinaram ingredientes místicos e filosóficos, científicos e artísticos, tecnológicos e artesanais, políticos e administrativos de todas as grandes culturas da Antiguidade: romana, grega, egípcia, síria, judaica, mesopotâmica, persa, indiana e chinesa.

Tal foi a herança que comunicou ao Islã medieval seu extraordinário vigor. Mas, para que todos esses componentes se integrassem em um todo coerente e harmonioso, era necessário um elemento catalisador. E esse elemento foi de natureza espiritual. Para o sufismo, o cosmo inteiro devia ser contemplado como uma teofania ou manifestação de Deus. Seus entes e eventos constituíam símbolos da presença divina – símbolos que cabia ao sábio decifrar. O que o motivava não era o desejo de subjugar a natureza, característico do cientista moderno, mas um impulso profundamente místico e amoroso, que o levava a estudar a criatura para se aproximar do Criador. Isso explica os elevados valores éticos do sábio muçulmano e também seu interesse enciclopédico. Homens como Al-Farabi, Avicena e Ibn Árabi assimilaram todo o conhecimento disponível em suas épocas.

A ciência islâmica alcançou êxitos notáveis em disciplinas tão variadas como a matemática, a astronomia, a física, a química, a medicina, a geografia, a história e a lingüística. E não se limitou a recolher e desenvolver saberes herdados de outras culturas, como a geometria grega e a aritmética indiana. Aventurou-se também por domínios até então praticamente inexplorados. Foi o caso da álgebra, da trigonometria e da óptica. Some-se a isso um desenvolvimento tecnológico sem precedentes, que se destinava a atender às necessidades ditadas por intenso processo de urbanização. Em pleno século X, enquanto as maiores cidades da Europa cristã não excediam a 30 ou 40 mil habitantes, Bagdá alcançava 1,5 milhão; o Cairo, cerca de meio milhão; e Damasco e Córdoba, de 300 a 400 mil.

O exemplo mais emblemático da atitude do Islã histórico diante do conhecimento é uma passagem da vida do califa Al-Mamum, filho de Harum al-Rachid, o célebre personagem de *As mil e uma noites.* Diz-se que, inspirado por um sonho no qual o filósofo Aristóteles lhe pedia que traduzisse suas obras para a língua árabe, esse governante muçulmano do século IX fundou, em Bagdá, a *Bayt al-Hikmah*, Casa da Sabedoria. Aí reuniu um notável grupo de tradutores. E, para compor seu acervo, enviou nada menos do que três delegações do mais alto nível ao imperador de Bizâncio, solicitando-lhe que cedesse, em troca de presentes suntuosos, o maior número de livros possível. Quando o imperador se recusou a atender ao terceiro pedido, Al-Mamum mobilizou um exército para marchar contra os bizantinos. A "sutileza" do argumento fez com que estes rapidamente mudassem de opinião e logo fizessem chegar a Bagdá um incontável número de pergaminhos, com obras filosóficas de Platão e Aristóteles, tratados médicos de Hipócrates e Galeno, textos matemáticos e astronômicos de Euclides e Ptolomeu, entre outras preciosidades literárias.

É irrelevante saber se o sonho com Aristóteles de fato ocorreu ou foi uma lenda inventada para enfeitar a biografia do califa, um partidário dos teólogos mutazilitas, para os quais a fé podia e devia apoiar-se em argumentos racionais. Qualquer que tenha sido o motivo de sua criação, a Casa da Sabedoria tornou-se o maior centro cultural da época. O trabalho de tradução organizou-se nela de forma sistemática: um secretário geral coordenava as atividades e distribuía os manuscritos entre os vários tradutores; cada tradutor era secundado por um redator, encarregado da primeira versão da obra; esta passava, então, pelas mãos de um revisor, que devia expurgar os eventuais erros gramaticais. Seu maior tradutor foi o médico cristão sírio Hunayn ibn Ishaq, que traduziu, do grego ao siríaco e do siríaco ao árabe, todos os tratados de Hipócrates e Galeno.

Muito mais do que simples biblioteca e centro de tradução, a Casa da Sabedoria foi uma precursora longínqua das modernas universidades, congregando várias entidades de pesquisa, inclusive observatórios astronômicos. Um dos grandes sábios que contribuíram para sua fama foi Abu Yussef al-Kindi, nascido no Iêmen por volta do ano 800 e considerado o primeiro filósofo árabe. Influenciada pela escola neoplatônica grega, sua obra apresenta forte acento místico. Mas não se restringe à filosofia pura, enveredando por várias disciplinas científicas ou afins, como a óptica, a astronomia, a astrologia, a mineralogia, a geologia, a geografia, a meteorologia e a medicina.

Al-Kindi afirmou a extensão infinita do universo, a propagação retilínea da luz e a relação entre os efeitos qualitativos dos remédios e a composição quantitativa de seus ingredientes. Antes que intrigas palacianas minassem sua posição, gozou de enorme prestígio na corte da dinastia abássida, tendo desempenhado a função de tutor de Al-Mutasim, filho e sucessor de Al-Mamun. Um índice do alcance de suas idéias na Europa cristã é a quantidade de vezes que seu nome aparece citado na obra do inglês Roger Bacon, um dos maiores filósofos e cientistas medievais.

Mais notável ainda foi a influência de outro expoente da Casa da Sabedoria, o matemático e astrônomo Muhammad ibn Musa al-Khwarizmi, de cujo nome deriva a palavra algarismo, que se incorporou ao vocabulário de vários idiomas. Por seu intermédio, chegaram ao Ocidente os algarismos indianos, universalmente adotados sob a errônea denominação de "algarismos arábicos". Ainda no campo da matemática, Al-Khwarizmi foi autor de um importante tratado sobre a resolução de equações, no qual sintetiza e populariza várias técnicas algébricas provenientes da Índia. No âmbito da astronomia, sua principal contribuição foi a construção de um conjunto de tabelas que permitiam calcular, com notável exatidão, as posições dos planetas em qualquer época do ano.

A Casa da Sabedoria de Bagdá tornou-se um ícone da sede de conhecimento da jovem civilização islâmica. Mas não foi um exemplo isolado. Instituições semelhantes foram criadas em outros centros políticos importantes. A principal delas foi a Casa da Sabedoria do Cairo, estabelecida durante o governo dos califas fatímidas. Nela trabalhou o grande Ibn al-Haytham (965-1039), o maior físico muçulmano. Nascido em Basra, no Iraque, e conhecido no Ocidente sob o nome de Alhazen, Ibn al-Haytham tornou-se uma referência obrigatória para todos os filósofos e cientistas medievais. Seu principal tratado, o *Kitab al-Manazir* (Livro da Óptica), exerceu extraordinária influência na Europa cristã, tornando-se o modelo dos trabalhos de óptica de Robert Grosseteste e Roger Bacon. Nele, o físico apresenta o conceito de raio luminoso; nega a propagação instantânea da luz; explica o fenômeno da refração pela diferença de velocidade com a qual a luz viaja nos diferentes meios materiais; e rejeita a idéia grega de que a visão emanava do próprio olho, atribuindo-a à recepção da luz emitida ou refletida pelos corpos materiais, e destacando o papel do nervo óptico e sua conexão com o cérebro no processo. Suas leis sobre a reflexão e a refração seriam utilizadas, ainda no século XVII, por Kepler e Descartes.

Em suas formações políticas mais tolerantes (como foi o caso do Califado de Córdoba, na Espanha, até meados do século XII, ou do Sultanato do Cairo, no Egito, durante as décadas seguintes), a civilização islâmica acolheu e protegeu florescentes comunidades judaicas, beneficiando-se enormemente com a contribuição de seus sábios. O maior deles foi reconhecidamente Maimônides (1135-1204), que promoveu o casamento da fé israelita com o racionalismo aristotélico, desempenhando no seio do judaísmo um papel equivalente ao de Averróes no Islã e ao de Tomás de Aquino na cristandade. Teólogo, filósofo e médico da corte egípcia do célebre Saladino, Moshe ben Maimon (tal era seu nome hebraico, helenizado como Maimônides) estava convencido de que o Criador jamais violava as leis da natureza – por isso propôs explicações racionais para os mandamentos judaicos. Acreditava, também, que o indivíduo devia assumir plena responsabilidade pela manutenção da própria saúde – tarefa para a qual apresentou seis recomendações de notável atualidade: ar puro; alimentação moderada e apropriada; regulação emocional; exercícios físicos moderados; sono reparador; e excreção regular e apropriada.

Mas seu racionalismo se curvava diante do insondável mistério divino. Deixando de lado Aristóteles e seguindo nesse particular as pegadas dos grandes filósofos neoplatônicos e dos sábios sufis, ele sustentava, humildemente, que nenhum termo era adequado para expressar a natureza de Deus. Coerentemente, seus seis preceitos para a promoção do que chamaríamos hoje de qualidade de vida possuíam forte conotação espiritual, pois a saúde e o vigor físicos eram indispensáveis para que o espírito se mantivesse lúcido e pudesse elevar-se ao conhecimento da obra do Criador.

Com seus três grandes tratados teológico-filosóficos, o *Kitab al-Siraj* (Comentário da Mishná, em árabe), a *Mishneh Torah* (Recapitulação da Torá, em hebraico) e o *Dalalat al-Hairin* (Guia dos Perplexos, em árabe), Maimônides promoveu extraordinária revitalização do judaísmo, trazendo um sopro de esperança para as comunidades israelitas, asfixiadas pelo opressivo peso da diáspora e pelas perseguições empreendidas por fanáticos cristãos e muçulmanos. Pouco depois de seu período de vida, outra porta se abriu para os místicos judeus. Por obra do rabino espanhol Moshe de Leon (1250-1305), foi recuperado e editado o *Sefer ha-Zohar* (Livro do Esplendor), o texto fundamental da *kabbalah*.

Escrito no antigo idioma aramaico, e estruturado como um diálogo entre vários sábios, o *Sefer ha-Zohar* (ou simplesmente *Zohar*) é um comentário altamente esotérico da Torá. A tradição o atribui ao rabino Shimon bar Yochai e a seus discípulos. Diz-se que, durante o século II, quando foi condenado à morte pelos dominadores romanos, Shimon bar Yochai se refugiou em uma caverna, juntamente com seu filho, o rabino Eleazar. Nesse esconderijo, no qual permaneceu por treze anos, até a revogação da sentença, o grande cabalista dedicou dias e noites ao estudo da Torá. E, atendendo a uma inspiração divina, redigiu a maior parte do *Zohar.* O vasto texto por ele iniciado foi mais tarde finalizado por seus seguidores que, ao longo de várias gerações, deram expressão escrita aos ensinamentos orais do mestre.

Uma de suas idéias centrais é o modelo das dez *Sefirot*, que constituem as fases ou níveis da Revelação Divina em cada domínio da Realidade e compõem também a própria estrutura interna desses domínios. Por meio das *Sefirot* (plural de *Sefirá*), o Poder Divino se exerce sobre toda a Criação. Por meio das *Sefirot*, a criatura pode ascender à contemplação do Criador. Dispondo as *Sefirot* em um diagrama semelhante a uma árvore (a "Árvore da Vida") e ao esquema básico do corpo humano (*diagrama na página seguinte*), adquiriram os cabalistas a visão da Realidade como uma totalidade indivisível, permeada de alto a baixo pela Emanação Divina e estruturada em uma hierarquia de níveis. Desnecessário demonstrar que, conferindo um *status* de nobreza e mesmo de sacralidade a todos os estratos do Real, até mesmo ao mundo material, tal visão reforçou nesses estudiosos sua predisposição à investigação científica.

Diagrama da Kabbalah (Qabalah): a Árvore das Sefirot

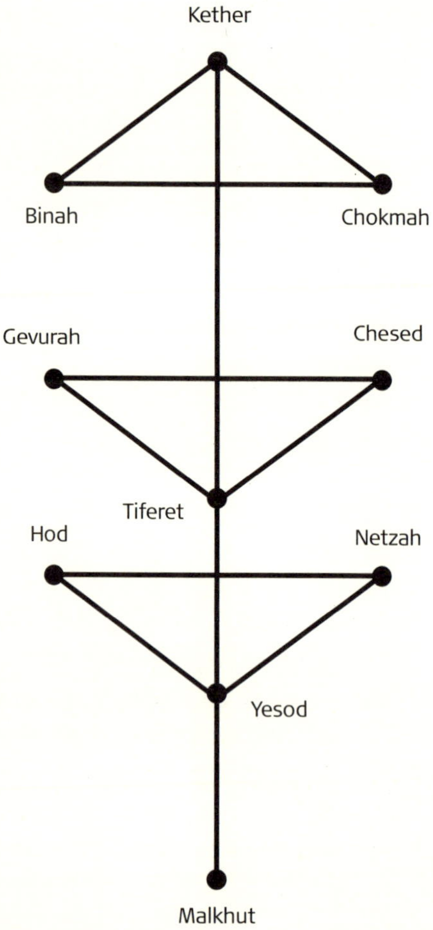

Por caminhos sinuosos e muitas vezes obscuros, a sabedoria dos sufis muçulmanos e dos cabalistas judeus infiltrou-se na cristandade, inseminando o pensamento europeu. Seu fruto mais evidente foi a alquimia cristã, que conjugou, em um corpo único, uma sofisticada filosofia da natureza e um caminho de auto-realização psíquica e espiritual. Os primeiros registros de práticas alquímicas remontam às antigas civilizações da Índia, China, Mesopotâmia e Egito. Introduzida pelos árabes na Europa medieval, essa disciplina oculta alcançou seu apogeu durante os séculos XVI e XVII. O objetivo máximo

As *Sefirot* (plural de *Sefirah*) são as dez emanações, desdobramentos ou explicitações da Divindade, que originam todo o Cosmo e se manifestam em cada ente da Criação. Para a *kabbalah* (*qabalah*), as *Sefirot* não são entidades distintas de Deus (o que implicaria uma concepção dualista da Realidade), mas fases da própria Revelação Divina. No microcosmo do ser humano, as dez Sefirot correspondem, rigorosamente, aos sete Chakras das tradições místicas indianas. *Kether* (Coroa), situada no topo da cabeça, corresponde ao *chakra Sahasrara*. *Chokmah* (Sabedoria) e *Binah* (Entendimento), situadas nas têmporas, são polarizações do *chakra Ajna* (localizado pouco acima do ponto médio das sobrancelhas). *Chesed* (Benevolência) e *Gevurah* (Severidade), situadas nos ombros, são polarizações do *chakra Vishudda* (localizado na garganta). *Tiferet* (Beleza), situada no centro do peito, na região do osso esterno, corresponde ao *chakra Anahata*. *Netzah* (Vitória) e *Hod* (Glória), situadas nas cristas ilíacas, são polarizações do chakra *Manipura* (localizado na altura do umbigo). *Yesod* (Fundamento), situada na próstata (nos homens) ou no alto da vagina (nas mulheres), corresponde ao *chakra Swadhisthana*. *Malkhut* (Reino), situada no períneo, entre os genitais e o ânus, corresponde ao *chakra Muladhara*.

dos adeptos era obter o chamado *Lapis Philosophorum* (Pedra Filosofal), capaz de transmutar os metais vis em ouro. Mas esses praticantes estavam bem conscientes de que os numerosos procedimentos químicos que utilizavam (calcinação, dissolução, separação, conjunção, fermentação, destilação, coagulação) constituíam manifestações exteriores de um processo interior. Suas práticas de laboratório eram exteriorizações de práticas internas, semelhantes às disciplinas iogues e cabalistas. O "Ouro" que buscavam (*Aurum nom Vulgi*, Ouro não Vulgar) era de natureza espiritual. E, mais do que a transmutação dos metais, visavam a transmutação de si mesmos.

A Revolução Científica do século XVII foi a antítese da alquimia; porém apenas na medida em que os filhos são a antítese dos pais. Foi entre os cadinhos e as retortas dos laboratórios alquímicos que germinou o chamado método científico. Alquimista foi Roger Bacon (1214-1292), o remoto precursor da modernidade. Alquimista foi Isaac Newton (1642-1727), seu principal expoente. A obra desses dois gigantes estabelece uma inesperada ponte entre a sabedoria tradicional e o pensamento científico moderno. Mas isso já é uma outra história.

Referências bibliográficas

BAKHTIAR, Laleh. *Le Soufisme: Expressions de la Quête Mystique.* Paris, Editions du Seuil, 1977.

CHITTICK, William C. *The Sufi Path of Knowledge: Ibn al-'Arabi's Metaphysics of Imagination.* Nova York, State University of New York Press, 1989.

DANIELOU, Alain. *Shiva e Dioniso: a religião da natureza e do eros.* São Paulo, Martins Fontes, 1989.

DIÓGENES LAÉRCIO. *Pythagore.* Trad. fr. Robert Genaille. Disponível em http://ugo.bratelli.free.fr/Laerce/Pythagoriciens/Pythagore.htm

DROB, Sanford. *The Theosophical Kabbalah.* Disponível em http://www.newkabbalah.com/index3.html

EPSTEIN, Perle. *Cabala: o caminho da mística judaica.* São Paulo, Editora Pensamento, 1991.

GOTTWALD, Norman K. *Introdução socioliterária à Bíblia hebraica.* São Paulo, Paulus, 1988.

GOVINDAN, Marshall. *Babaji e os 18 siddhas: a tradição da kriya yoga.* São Paulo, Kriya Yoga Publications, 2005.

HALIFAX, Joan. *Shamanic voices: a survey of visionary narratives.* Nova York, Penguin Books, 1980.

HARNER, Michael. *The way of the shaman.* Nova York, Harper and Rowe, 1980.

HARRIGAN, Patrick. *Dionysus and Kataragama: Parallel Mystery Cults.* Disponível em http://kataragama.org/research/dionysus.htm

JOPPERT, Ricardo. *O Samadhi do verde-azul.* Rio de Janeiro, Avenir Editora, 1984.

LAO-TSÉ. *Escritos do curso e sua virtude* (*Tao Te Ching*). Trad. direta do chinês Mário Bruno Sproviero. Disponível em http://www.hottopos.com/tao/index.htm

PEDERSEN, Olaf. *Early Physics and Astronomy.* Nova York, Cambridge University Press, 1993.

PORFÍRIO. "On the Life of Plotinus and the Arrangement of his Work". In *The Enneads.* Trad. ingl. Stephen MacKenna. Disponível em http://www.sacred-texts.com/cla/plotenn/enn001.htm

QADASH KINAHNU. *Levantine and Near Eastern Paganism.* Disponível em http://www.geocities.com/SoHo/Lofts/2938

SOUZENELLE, Annick de. *O simbolismo do corpo humano.* 3ª ed. São Paulo, Editora Pensamento, 1994.

Early Christian Writings: New Testament, Apocrypha, Gnostics and Fathers: http://www.earlychristianwritings.com/.

The Alchemy Web Site: http://www.levity.com/alchemy/home.html

Work of the Chariot – What is the Mystical Qabalah of the Children of Abraham? Disponível em http:/www.workofthechariot.com/TextFiles/Back-MysticalQabalah.html.

Impresso nas oficinas da
Gráfica Palas Athena